KB269610

MIND MOVEMENT
마인드피티

MIND
MOVEMENT
마인드피티

지은이 | 마코

✹

저 사람은 왜 저럴까,

그리고 나는 왜 이 모양일까?

사람들은 각자 좋아하는 영역이 있습니다. 게임, 운동, 요리, 독서, 일, 봉사활동 등 사물에서부터 의미가 있는 행위까지 아주 다양합니다. 제 경우 사람들의 인생 이야기 듣기를 참 좋아합니다. 어릴 때 영화, 드라마, 책 보는 것을 참 좋아하는 아이였는데, 지나고 보니 사건을 중심으로 하는 내용보다 인물을 중심으로 전개되는 내용을, 주인공과 주변 인물들의 내면을 담은 콘텐츠들을 참 좋아했던 것 같습니다.

제가 처음으로 다른 사람의 인생을 들여다보는 것을 좋아한다고 느꼈던 때는 지금은 17년 차인 공인중개사 일을 시작하고 2~3년 차에 발견하게 됩니다. 공인중개사 일의 특성상 매년 새로운 사람을 최소 100여 명 이상 만나게 됩니다. 이 일을 하다 보면 다양한 이벤트를 마주하면서, 업무가 힘들지는 않지만 사람에게서 생기는 정신적 스트레스가 높은 특징을 가진 일입니다. 하지만 저는 사람들의 인생 이야기를 듣는 데 흥미가 있고 즐거움을 느끼기에 저를 통해 계약을 하지 않더라도 상심하는 스트레스는 크게 없었고, 마치 재미있는 소설을 한 편 읽은 듯한 기분을 느끼는 날이 많았습니다. 이런 이유로 아주 많은 돈을 벌지 못했어도 17년을 넘게 롱런할 수는 있었던 것 같습니다.

일을 하면서 타인의 인생 이야기를 수년간 듣다 보니, 문득 제가 만난 '그들은 왜 그런 생각을 하는지'에 대한 궁금증이 들게 되었습니다. 궁금증은 본격적으로 인간에 대한 공부, 그리고 '나는 왜 이렇게 생겨 먹었는지'에 대한 연구를 하는 계기가 되었습니다. 저 자신을 비롯한 인간의 마음에 관한 공부를 시작할 때쯤 제 인생을 변화시킨 엄청난 이벤트가 발생합니다. 20대 후반에 처음으로 창업한 사무소가 망했습니다. 망한 과정에서 사금융을 통해 돈을 빌린 터라 이 시기에 여러모로 몸과 마음고생을 하게 되었습니다. 다행히 일을 쉬지 않고 열심히 한 덕에 짧은 기간에 빚은 다 정리하였고, 저는 중고차 한 대 남은 빈털터리 상태가 되었습니다. 사무소가 망해 나락으로 떨어지는 경험과 다시 회복하는 과정에서 제 마음 심연의 바닥까지 들여다보는 경험을 하게 됩니다. 나 자신이 얼마나 별로이고 보잘것없는지 알 수 있었고, 제가 가진 여러 문제들에 대한 반성을 통렬하게 한 다음에서야 하나둘씩 복잡하게 얽혀 있던 문제들이 풀려 가기 시작했던 것 같습니다.

어려운 시기를 잘 넘긴 후 결혼, 육아, 사업의 확장을 경험하면서 저 자신을 포함한 다른 사람들에 대한 이해가 깊어졌습니다. 이는 자연스럽게 '잘 사는 삶'에 대한 관심으로 이어졌고, 마음의 성장에 대한 본격적인 연구를 시작하게 되었습니다. 사람의 마음을 연구하다 보니 가장 궁금한 주제는 결국 '저 사람은 왜 저럴까?'와 '나는 왜 이 모양이지?'였습니다. 이 물음에 대한 답을 얻기 위해 저 자신의 마음을 아주 자세히 들여다보기 시작했고, 다른 사람들의 이야기를 더 깊이 경청하면서 궁금했던 주제에 대한 답을 제 나름대로 정의할 수 있었습니다. 그리고 인간의 궁극적인 목표인 '잘 사는 삶'에 관해 연구하면서 그 내용을 저에게 직접 적용했고, 그 결과 저는 완전히 다른 태도를 가진 사람으로 성장했습니다. 10년 넘게 공부하던 어느 날, 파편화되어 있던 내용들이 머릿속에서 한 번에 정리되는 느낌이 들면서, 앞으로 어떻게 살아가야 하는지에 대한 확신이 섰습니다. 그리고 많은 어려움이 찾아오더라도 씩씩하게 대응하고 극복하면서 살 수 있게 되었습니다.

제가 경험한 마음의 성장은 혼자 간직하기에는 너무 아까운 것이었습니다. 그래서 주변에서 어려움을 겪는 가족과 지인들에게 한두 명씩 알려 주고 코칭을 시작했습니다. 놀랍게도 그들도 제가 경험한 방법을 통해 마음의 성장을 이루었고, 마치 다른 사람이 된 것처럼 변화했습니다. 이러한 경험들을 바탕으로 10년 동안 연구한 사람의 마음에 관한 내용을 정리하여 마음 운동 프로그램인 '마인드피티'를 만들었습니다. 마인드피티는 사람의 마음에 대한 이해와 마음의 성장을 위한 교육 프로그램입니다. 마인드피티를 훈련하면 여러분이 가진 마음을 깊이 이해할 수 있게 되어 자신이 누구인지 명확하게 알게 됩니다. 이를 통해 현재 겪고 있는 다양한 문제를 해결하고, 마음의 회복과 성장을 경험하며, 삶의 즐거움을 느끼게 되어 궁극적으로 잘 사는 삶을 살아가는 좋은 태도를 갖추게 됩니다.

　여러분도 마인드피티를 통해 스스로 성장하고 변화하는 기적 같은 경험을 하시길 간절히 바라며 이야기를 시작하겠습니다.

1장

문제의식

• • •

아무것도 모르던 20대 초반에 잘살고 싶다는 막연한 생각에 저는 이런 생각을 했습니다.

'시간이 지나면 언젠가는 부자가 되어 있을 것이고,
그 과정에서 누군가 나를 그곳으로 데려다줄 거야.'

이러한 망상을 실현시키기 위해 온갖 자기계발, 돈 관련 콘텐츠를 즐겨 보고 인맥을 찾아야겠다는 어리석은 생각을 했었습니다. 마치 영화에서 나오는 주인공처럼 어떤 계기로 스승을 만나 각성하여 아주 똑똑하고 멋진 사람으로 제 인생을 변화시킬 줄만 알았지만, 거듭되는 실패를 통해 저의 어리석음과 게으름, 무기력함이라는 민낯을 볼 수 있었습니다. 사람은 쉽게 변하지 않으며, 내가 생각했던 것보다 나는 아주 별로인 사람이라는 것을 깊이 깨달았습니다.

이때부터 다른 사람의 이야기가 아닌 진짜 나는 누구이며, 나 자신을 성장시킬 방법에 관한 공부를 시작했고, 그로부터 10년이 지나서야 제 삶을 어떻게 살아야 하는지에 관한 명확한 답을 얻게 되었습니다. 공자께서 말씀하신 어떤 유혹에도 흔들리지 않는 불혹의 나이가 되어서야 제 마음은 스스로 일어설 수 있게 되었고, 마음의 성장을 통해 온전한 상태가 되었습니다. 그런데 마음의 성장을 했다고 생각했지만 여전히 게으르고 불안하고 예민한 사람의 성향은 변함이 없었습니다. 다만 마인드피티를 통해 마음이 단단해지고 현명한 판단이 가능해져서 원래 제가 가진 여러 가지 취약한 마음을 대응하고 극복하며 살아갈 수 있게 되었습니다. 마치 볼품없는 몸 상태에서 운동을 통해 제법 볼 만한 정도로 성장을 했지만 여전히 본질은 변하지 않은 것과 비슷합니다.

마음의 성장을 통해 온전한 삶을 살아가던 중 제 가슴 한편이 꽉 막힌 느낌을 받는 날이 많이 있었습니다. 물리적으로 속이 불편한 것이 아닌 마음이 답답한 증상이었습니다. '돈, 건강, 가족 간의 관계 모두 안정적 상태인 온전한 삶을 이어 가고 있는데 왜 이런 답답함을 느낄까?' 하는 생각이 계속되고 있을 때, 우연히 가까운 지인과 대화를 하던 중 의문이 풀리게 되었습니다. 제가 20대에서 30대 질풍노도 시기에 겪었던 아픈 마음들과 힘든 삶이 그에게서 느껴지면서, 제가 가진 불편한 마음을 명확히 알게 되었습니다. 그것은 마치, 거실에 서 있는데 앞으로 가족 한 명이 지나가다가 문에 발가락을 부딪치는 장면을 보았을 때 제 발가락이 크게 아픈 듯한 고통을 고스란히 느끼는 듯했습니다. 저는 사람들의 이야기를 듣기 좋아하여 그들의 이야기를 듣던 중 힘들어하는 내용을 듣게 되면 그들의 힘든 마음이 고스란히 느껴지면서 제 마음에 아픔이 전달됩니다. 다른 사람의 고통을 지켜보면서, 저는 건방지게 제가 경험한 마음의 성장을 통해 그의 인생을 온전하게 만들고 싶은 마음이 자리하게 되었습니다. 이때부터 저는 사람들이 불행한 이유를 탐구해야겠다는 문제의식을 가지게 되었습니다.

문제의식의 출발

저의 20대 시절 마음가짐은 '운동을 열심히 해서 멋진 몸을 만들고 제 사업을 가지고 멋지게 돈을 많이 벌면서 사랑하는 사람에게 좋은 태도를 가져서 행복하게 사는 것'이었습니다. 하지만 그와는 정반대의 마음에 사로잡혀, 게으름에 운동은 일절 안 하고 사업은 머릿속에서 상상에 그치고 사랑하는 사람들에게는 화, 짜증을 쉽게 냈습니다. 이런 태도를 가졌으니 무엇 하나 잘되는 것이 없고 누구 하나 저를 인정해 주는 사람이 없었습니다. 엉망진창인 상태에서도 온갖 자기 합리화를 하면서 별로인 나 자신을 외면하고 되는 대로 삶을 살았었습니다. 여러 우여곡절을 겪고 나서 저는 문득 이런 생각을 하게 되었습니다. '도대체 왜 내 마음이 마음먹은 대로 되지 않고 자꾸 엉뚱한 마음이 들어 삶이 이상한 방향으로 흘러가면서 엉망이 되어 가는 걸까?' 제 문제의식은 이 물음에서 출발하였습니다.

첫 번째 문제의식
: 내가 누구이며,
자신의 마음이 어떻게 생겼는지 잘 모릅니다.

많은 사람의 이야기를 듣다 보면 자신의 처지가 너무 힘들다고 말을 합니다. 힘들어하는 내용을 살펴보면 사람 때문에, 돈이 없어서, 사회의 문제를 들며 불행의 이유를 찾는데, 자세히 듣다 보면 대부분의 문제는 그들 자신의 마음과 태도로 인해 발생하는 경우가 많았습니다. 이는 본인 자신이 어떤 마음을 가졌는지 잘 알지 못하는 무지에서 발생하는 경우입니다. '문제를 문제라 생각하지 않는다면 문제가 되지 않는다'는 말이 있습니다. 그들의 이야기를 들으면 정작 자기 자신이 가장 큰 문제인데, 문제에 대한 인지가 되지 않으니 자신에게 생기는 문제들을 외부에서 찾을 수밖에 없습니다. 제 첫 번째 문제의식은 자신이 누구이며, 자신의 마음이 어떻게 생겼는지 모르는 상태입니다. 이런 상태라면 자신의 문제를 해결할 방법에 대해 알 수 없고, 삶의 문제를 해결하고 극복하지 못한다면 원하는 방향의 인생으로 살아갈 수 없게 됩니다.

※

두 번째 문제의식
: 문제를 인지하더라도
이를 해결하기 위해 행동하지 않습니다.

지금은 PC와 스마트폰의 보급으로 많은 정보를 아주 쉽게 얻을 수 있는 시대입니다. 이를 바탕으로 인간에 관한 다양하고 전문적인 지식을 조금의 관심만으로 누구나 쉽게 접할 수 있게 되었습니다. 30년 전만 해도 돈, 건강, 인간관계에 대한 정보를 얻기 위해서는 돈을 주고 강의를 듣거나 스승을 만나서 전수받아야만 습득할 수 있는 등의 정보 격차가 있었고, 이런 정보의 격차로 인해 사람 간에 삶의 질이 달라질 수도 있었습니다. 그런데 지금 시대는 자신이 원하는 정보는 구글과 유튜브에 모두 공개되어 있고, 다양한 커뮤니티를 통해 궁금한 것을 질문하여 답변을 들을 수 있습니다. 그런데 어찌 된 일인지, 정보의 불평등이 극심했던 30여 년 전보다 현재 사람들이 더욱 불행을 느끼는 것 같습니다. 사람이 잘 살고 못 사는 문제는 정보의 질과 양의 문제이기보다 더 근본적인 문제가 있다는 의미가 됩니다. 여기서 저는 많은 정보의 입력은 풍부한 지식을 얻게 되지만, 행동에 이르기까지는 하지 못한다는 문제의식을 가지게 됩니다. 많은 지식은 자신이 많은 것을 안다고 착각하게 만들고 자신만의 게으른 세계관에 대한 정당성을 부여하여 행동을 하지 않는 것에 대해 합리화해 성장을 하지 못하도록 만듭니다. 사람들이 행동을 하지 않는 문제에 대한 근본적인 분석은 다음 장 「2장. 불안정한 마음이 생기는 이유」 파트에서 더욱 자세히 설명을 드리도록 하겠습니다.

✳

세 번째 문제의식
: 삶의 문제를 해결하고 성장에 필요한 마음에 관한 개념을 정의하지 않습니다.

현재 시중에 나온 자기계발 콘텐츠에서 다루는 내용을 살펴보면 대부분 현상을 해석해 주고 좋은 방향으로 갈 수 있도록 조언해 주는 내용이 대부분입니다. 이런 콘텐츠들을 보다 보면 아주 중요한 내용인 '해결책'에 관한 정의가 빠져 있습니다. 예를 들어 가정에 문제가 생겨 관찰하고 상담하는 콘텐츠를 보면 문제의 핵심을 '대상에 대한 사랑의 부재'로 진단하고 솔루션을 제공합니다. 결혼에 있어 상대를 사랑하지 않고 자신의 감정에만 집중해서 갈등이 생기는 상황, 육아에 있어 아이에게 제대로 된 사랑을 주지 않으면서 결핍되고 열등한 마음을 채우는 데 급급한 부모들, 고부간에 대상에 대한 존중과 사랑이 없는 것. 마치 계약관계인 듯, '사랑'으로 묶여야 할 인간관계를 오롯이 자신의 결핍되고 열등한 마음과 인정욕구를 채우는 데 이용하면서 여러 문제가 발생합니다. 이런 문제들에 대해 '대상을 진심으로 사랑하고 사랑의 태도를 행동하라'고 솔루션을 제안하지만, 진짜 문제는 대부분의 사람들이 '사랑'을 제대로 알지 못하고, 막상 실생활에서 사랑의 태도를 보이려 해도 잘되지 않는다는 것입니다.

이는 '사랑'이라는 마음의 개념이 제대로 갖춰지지 않아서 발생하는 문제입니다. 사랑하라고 솔루션을 주지만, 정작 사랑이 무엇인지, 어떻게 사랑을 해야 하는지, 왜 평소에 대상을 사랑할 수 없는지에 관한 핵심 내용은 알리지 못하고 있습니다. 사랑뿐만 아니라 행복한 삶에 있어서도 명확하게 정의되지 않고 훈련되지 않으면 삶에 다양한 문제를 해결하는 여러 콘텐츠는 공염불에 불과합니다. 이러한 제 문제의식은 「3장. 마음의 이해와 정의」에서 더욱 자세히 다루어 보겠습니다.

네 번째 문제의식
: 작심삼일

나이가 30대 후반이 넘어서면 몸은 성장을 멈추고 노화가 진행됩니다. 머리부터 발끝까지 다양한 노화 증상이 나타나는데, 이 중 근육이 감소하는 근감소증은 몸에 아주 치명적입니다. 몸을 지탱하는 허리와 허벅지의 근육이 감소하면서 디스크가 터지고 당뇨에 노출이 되며 무릎과 발 관절의 근육이 약해져서 여러 행동이 불편해지기 시작합니다. 당장 죽을병은 아니지만 불편하고 불쾌한 기분이 드는 증상들이 하나둘씩 나타납니다. 이쯤 되면 누구나 건강에 관심을 가지게 되는 시기입니다. 건강에 대한 내용은 유튜브를 조금만 찾아보아도 유익한 정보를 손쉽게 얻을 수 있는데, 대부분은 운동, 식단, 휴식, 정신 건강에 관한 내용으로 구성되어 있습니다. 건강에 대해 무엇 하나 중요하지 않은 것이 없는데, 이 중에서 사람들이 가장 힘들어하는 부분이 '운동'과 '정신 건강'일 것입니다.

먹는 것과 휴식하는 것은 조금 신경 쓰면 관리가 되기도 하는데, 운동과 정신 건강은 적극적으로 행동을 해야만 유지가 가능합니다. 사람들은 자신이 건강이 안 좋아지는 것을 알고 정보를 얻어 건강을 지키기 위한 행동을 하는데 문제는 작심삼일이라는 것입니다. 당장 죽을병은 아니다 보니 위기의식은 금세 사라지고 오랜 기간 해 온 습관을 가지고 다시 생활하니 작심삼일이 될 수밖에 없습니다. 작심삼일의 문제는 건강 이외에도 돈, 인간관계 등에서도 나타나 삶에 여러 불행한 일을 야기합니다. 앞의 세 가지 문제의식을 해결하더라도 작심삼일을 극복하지 못한다면 온전한 삶으로 나아갈 수 없습니다. 분명히 굳게 마음을 먹더라도 왜 시간이 갈수록 작심삼일이 되어 버리는지 「3장. 마음의 이해와 정의」에서 자세히 설명하고 해결 방법을 살펴보겠습니다.

다섯 번째 문제의식
: 자신을 믿고 기다리지 않습니다.

요즘 어떤 이유에서인지 몰라도 자신을 믿지 못하는 사람들이 많아졌는데, 자신의 삶을 긍정하면서 고민하고 행동에 옮기는 씩씩한 삶을 살지 않는 경우를 볼 수 있습니다. 마치 자신은 반드시 불행해야 하는 사람이라는 마음가짐으로 행동하는 것 같습니다. 이런 마음가짐은 자신을 반드시 다치게 하고 주변 사람에게 상처를 주기 마련입니다. 모든 사람은 소중하고 행복할 권리가 있는데 마음의 언어를 배우고 훈련하지 못했기 때문에 벌어지는 상황입니다. 「4장. 마음 운동 방법 - 마인드피티 프로그램」을 통해 스스로를 제대로 사랑하는 방법에 관해 훈련하여 자신을 믿고 기다릴 힘을 가질 수 있습니다.

여섯 번째 문제의식
: 자신이 가진 문제를 겸허히 받아들이지 않습니다.

인간은 자신을 부정하기 어렵게 설계되어 있습니다. 자신을 부정하게 되는 순간 살아갈 이유가 없어지기에 무슨 일이 생기더라도 좋은 쪽으로 해석하려 합니다. 이는 나를 지켜 주는 중요한 '심리적 방어기제'입니다. 하지만 불안한 무의식을 가진 사람들은 이 방어기제가 지나치게 강하게 작동해서, 자신에게 문제가 되는 부분조차 있는 그대로 보지 못하고 자기에게 유리한 방식으로 재해석하며 합리화하게 됩니다.

이런 마음의 패턴이 습관이 되면 자신의 문제를 마주하고 극복하면서 한 단계 성장할 수 있는 소중한 기회들을 계속해서 놓치게 됩니다. 시험 문제가 틀렸을 때, 틀린 것을 인정하고 왜 틀렸는지 살펴보고 문제를 다시 풀어 다음 시험에서는 문제를 풀 수 있는 실력으로 성장해야 하는데, 그냥 덮어 놓고 '이번에는 문제가 너무 어려웠어. 다음에 잘 보면 되지!' 하면서 그릇된 긍정의 태도를 가지면 성장할 기회를 놓쳐 버리게 됩니다. 이는 첫 번째 문제의식인 '자신을 잘 알지 못하는 것'과 이어지는 내용으로, 메타인지가 되지 않아 자신이 가진 문제를 제대로 인식하지 못하고 해결할 기회를 놓쳐 버리게 되는 과정입니다.

온전한 삶을 위해서는 돈, 건강, 인간관계를 좋은 상태로 유지해야 합니다. 그러나 돈, 건강, 인간관계에 대한 좋은 상태는 앞에서 언급한 '여섯 가지 문제의식'에 대한 내용들이 해결되지 않고서는 어느 하나도 이루기 어렵습니다. 자신의 마음에 대해 알지 못한 채 어떤 행동을 하면 원래 계획했던 방향으로 삶이 흘러가지 않고 이마저도 지속하지 못하여 매번 흐지부지되고, 이는 곧 자신에 대한 후회, 원망, 무력감을 가지게 합니다. 이러한 일들이 반복되면 자신에 대한 믿음이 약해져 불안정한 삶을 살아가게 됩니다. 혹여 안 좋은 상황이 발생해도 '잘되겠지?'라는 막연한 낙관을 하면서 본질적인 문제 해결에는 노력하지 않게 됩니다.

우리는 지금 경제 성장이 멈춘 상태와 100세 시대라는, 아무도 경험하지 못했고 준비가 되어 있지 않은 시대를 살아가고 있습니다. 이는 늙어서도 온전한 삶에 대한 깊은 고민과 정확한 솔루션이 제시되지 않고 있다는 뜻입니다. 예전에는 살 만하면 죽음을 맞이해야 하는 짧은 수명으로 온전한 삶을 고민할 시간이 없었습니다. 하지만 가까운 미래에 수명이 100세를 더 넘긴다면 아주 긴 시간을 어떻게 살아갈 것인가를 고민하고 대응하는 것이 필수가 되는 세상이 도래했습니다. 아주 강력한 '자기 돌봄'이 필요한 시대가 온 것입니다.

노인이 되어서도 삶이 불편하지 않을 만큼의 돈이 필요하고 두 발로 잘 걸어 다닐 수 있는 건강이 유지되어야 하며, 모두가 오래 사는 세상에서 편안한 인간관계를 가지는 것은 인간의 존엄을 지키는 아주 중요한 요소가 됩니다. 많은 사람을 만나고 지켜보면서 위에 언급한 문제의식에 대한 깊은 고민은 대부분 하지 않고 지금 당장의 결핍, 열등감, 쾌감에 집중하는 태도로 삶을 살아가는 경우를 많이 발견하게 됩니다. 100세 시대를 맞이하여 여러 문제에 대한 근본적인 해결 방법은 자신의 몸과 마음에 대한 이해, 성장, 돌봄을 하며 긍정적인 삶의 태도를 갖는 것입니다. 삶을 긍정하는 좋은 태도는 말과 행동에서 나오고 말과 행동은 마음에서 발현됩니다. 문제는 마음은 추상적인 개념으로서 컨트롤이 어렵고, 어떻게 해야 성장할 수 있는지에 관해 다루는 콘텐츠를 찾아보기 어렵다는 것입니다.

현대사회는 너무나 혼란스러워 보입니다. 자신을 소중히 생각한다면서 몸에 해로운 것들을 하고, 가족을 사랑한다고 말하면서 상대에게 쉽게 화를 내고, 돈이 부족하다고 아우성인데 정작 돈 버는 행동을 하지 않습니다. 이런 내용으로 고통스러워하는 목소리를 듣고 나면 제 머릿속에서 맴돌면서 잊히지 않고 저를 괴롭혔습니다. 그래서 저는 사람들이 마음의 문제로 인해 받는 고통을 해결할 수 있는 콘텐츠를 만들었습니다.

본격적으로 마음을 성장시키고 돌볼 수 있는 훈련 프로그램을 소개하기 앞서, 마음 성장을 하려면 각자의 마음에 결핍, 열등, 불안한 마음 등 부정적인 생각이 왜 발생하는지에 관한 원인 분석과 자신의 마음에 대한 이해가 먼저 되어야 합니다. 다음 장에서 자세히 안내드리겠습니다.

2장
불안정한 마음이 생기는 이유

✳

온전한 마음과 불안정한 마음의 기원

저는 사람들에게 그의 인생에 관해 질문하기를 참 좋아합니다. 그들에게 본인의 상황을 질문하면 흔쾌히 자신의 이야기를 하는데, 이야기를 듣다 보면 그들의 마음이 어떤 상태인지가 대략 그려지고 느껴집니다. 대부분은 자신이 잘 살고 있다고 이야기를 하지만, 길게 이야기하다 보면 내면에 있던 결핍, 열등감, 불안의 마음을 제게 들려줍니다. 이야기가 진행되다 보면 저는 항상 공통된 질문을 합니다.

"언제부터 부정적인 마음(결핍, 열등감, 불안)이 시작된 것 같으세요?"

대부분은 어릴 때부터 그런 것 같다거나 잘 모르겠다고 말하면서 언제부디인지 정확하게 특정하지 못합니다. 성장기에는 자아에 관한 고찰을 하기에는 미숙한 상태이고, 인간은 원래 쉽사리 불안정한 마음을 가지도록 세팅되어 있기 때문에 시기를 특정하기에는 어려움이 있습니다.

인간은 다른 종의 동식물처럼 몸 자체가 생존에 특화되어 진화된 것이 아니라 뇌의 발달, 언어의 출현, 자유롭게 움직이는 손, 오래 달릴 수 있는 땀구멍으로 생존에 진화되었습니다. 특히 뇌의 발달은 불안정한 느낌의 감각을 키웠고 이를 활용하여 자신을 지키는 기제로 활용합니다. 인간의 발달한 뇌가 불안정함을 느끼게 하는 것은 안정된 생존의 상태를 갖기 위한 동기가 됩니다. 척박한 자연에서 살아남기 위해서는 늘 불안함의 신호를 뇌에서 끊임없이 명령하여 어떻게 해서든 움직이게 만들면서 생존을 이어 갈 수 있게 합니다. 여러 방법을 통해 불안감을 해소하면 우리의 뇌는 쾌감, 행복, 즐거움, 기쁨 등의 기분을 좋게 하는 호르몬을 쏟아내어 보상하는 시스템을 가집니다.

이러한 특징을 가진 뇌의 발달에 관해 잠시 살펴보면, 태어나서 우리의 뇌는 폭발적으로 발달하고 난 후 다른 신체 부위가 천천히 발달하는 순서로 성장하도록 진화되었습니다. 예를 들어 다른 종의 동물은 태어나서부터 바로 걷거나 뛸 수 있는 운동 능력을 갖춘 반면, 인간은 태어나서 1년은 지나서야 걷기를 제대로 수행하는데, 이는 운동 능력을 미루고 일단 뇌를 우선 성장시킨다는 의미입니다.

10세 전까지는 부모로부터 지극히 보살핌을 받아야 생존 확률을 높일 수 있고, 이 기간에 부모가 주는 음식은 아이 몸의 건강을 만들고 부모의 태도는 아이의 정서적인 마음의 모양을 결정합니다. 인간의 커다란 뇌의 역할은 언어와 의식의 출현, 이성적인 판단, 정서적 느낌의 요소를 갖게 하여 다른 생명체보다 큰 진보를 이룰 수 있었습니다. 여기서 이성적인 부분은 지식의 학습으로 채워지고 정서적 느낌은 부모의 태도에서 결정됩니다. 불안한 마음의 기원은 불안함을 쉽게 느끼도록 세팅된 본능과 10세 전까지 부모로부터 받은 정서적 경험에 의해 형성됩니다.

불안한 마음이 형성되는 과정

아이가 태어나 옹알이할 때까지는 부모가 너무 사랑스러운 태도로 아이를 정성스럽게 돌봅니다. 간혹 이때부터 부부가 싸우거나 아이를 학대를 하는 경우도 있지만, 보통 이 시기에는 아이를 너무 사랑스럽게 느끼며 정성껏 아이를 돌봅니다. 하지만 아이의 뇌가 폭발적으로 성장하는 2세에서 3세부터 말을 하기 시작하고, 호기심의 폭발로 어른 입장에서 보면 온갖 말썽을 부리면서 부모와 아이 간에 서서히 갈등이 시작됩니다.

만약 이 시기에 부부간의 갈등이나 부모와 아이 간의 갈등이 심해지면 아이 인생에 있어 불안정한 마음의 씨앗이 됩니다. 부모와 아이가 함께하는 동안 늘 즐거운 시간을 보내는 가정이 있는가 하면, 툭하면 부부 싸움을 하거나 부모가 쉽게 아이에게 화를 내는 가정을 볼 수 있습니다. 아이의 바르지 못한 행동을 교정하기 위한 훈육을 지적하려는 것이 아닙니다. 많은 부모님께서 훈육이라 생각하면서 자신의 결핍과 열등감의 불안정한 감정을 아이에게 전달하는 것을 말합니다.

아이가 성장하면서 자아가 형성되고 힘이 생기면서 저항의 강도가 강해지고, 부모와 갈등이 점점 심해지면서 서로에게 상처 주는 날이 많아지게 됩니다. 아이에게 쉽게 화를 내는 엄마나 아빠는 부부 싸움을 쉽게 하기도 하여 가정의 환경은 늘 긴장된 상태에 놓이게 됩니다. 이렇게 불안한 상황이 누적되면 아이의 마음에는 사랑을 받지 못한 결핍이 자리하게 되고, 인정받지 못한다는 생각이 지속되면 열등감이 형성됩니다.

결핍과 열등감의 불안정한 마음은 아이가 의도하지 않더라도 부정적인 무의식으로 형성됩니다. 십수 년에 걸쳐 형성된 부정적인 무의식의 특징은, 자신이 의도하지 않아도 부정적인 생각과 느낌이 시도 때도 없이 떠오르게 만듭니다. 그것은 특정한 상황 속에서 내재된 무의식과 결합하여 부정적인 마음을 가속시키고, 이성적으로 아무리 노력해 보아도 마음과 태도에서 부정적으로 발현됩니다. 결국 어릴 때 부모로부터 온전한 사랑을 받지 못한 사람은 긍정적인 마음, 높은 자존감, 행복, 사랑 등의 마음을 갖지 못하게 됩니다. 어른이 되어서도 결핍되고 열등한 마음으로 인해 생긴 문제들은 스스로 해결하지 못한 채 돈, 사람, 사회, 쾌감 등에 기대어 답을 찾으려 합니다.

반대로 아이의 성장기 때 부모님이 서로 지극히 사랑하고 돌보는 사랑의 태도로 아이를 대하면, 아이는 자존감이 충만하고 긍정적인 마음을 갖게 되어 삶을 살아갈 때 시련이 닥치더라도 씩씩하게 극복하게 됩니다. 이 상태로 성인이 되면 자신을 소중히 여겨 스스를 돌볼 수 있고, 원망이 없어 자신을 포함한 다른 사람에 대해 부정적이고 원망하는 마음이 없으며, 마음을 스스로 세우는 훈련이 충분히 되어 있어 다른 사람에게 기대지 않아 사람 간에 갈등이 줄어들게 됩니다.

이제 우리는 중요한 결론을 내릴 수 있습니다. 인간의 정서적 마음의 형태는 성장기 동안 부모가 보여 준 태도에 의해 결정된다는 것입니다. 톨스토이는 그의 명작 『안나 카레니나』에서 이를 한 문장으로 압축했습니다.

"모든 행복한 가정은 서로 닮았고, 불행한 가정은 저마다의 이유로 불행하다."

이 말은 행복한 가정들이 '사랑'이라는 하나의 공통분모를 가진 반면, 불행한 가정들은 각자 다른 형태의 불행한 마음들이 복합적으로 작용하여 서로에게 상처를 주고받으며 악순환을 반복한다는 의미입니다. 그 결과 행복한 가정에서 성장한 아이는 긍정적 정서를, 불행한 가정에서 자란 아이는 부정적 정서를 내면화하게 됩니다.

이는 단순한 이론이 아닙니다. 역사적으로 높은 도덕성을 보인 인물들을 분석하면 공통적으로 훌륭한 부모의 영향이 발견되며, 반대로 중대한 범죄를 저지른 인물들의 성장 배경에는 예외 없이 심각한 폭력 경험이 존재했습니다. 이러한 명백한 상관관계는 자신의 마음을 이해하고 분석하는 데 있어 가장 핵심적인 단서가 됩니다.

카르마

불행한 가정에서 자라 온 사람의 마음에는 부정적인 무의식이 형성되어 어른이 되어서도 자신이 원하지 않는 방향으로 삶이 흘러가는 경우가 많습니다. 특히 결혼 생활에서 상대와 잘 살아야겠다는 굳은 다짐을 하지만, 금세 부정적인 무의식이 고개를 들어 부부간 또는 부모와 자녀 간의 갈등이 자주 발생합니다. 이렇게 갈등이 지속되는 가정에서 자란 자녀 역시, 어른이 되어 불행한 삶을 반복하는 굴레에 갇히게 됩니다. 불교에서는 이러한 현상을 '카르마(Karma)' 또는 '업식(業識)'이라고 부르는데, 행복한 가정은 행복을, 불행한 가정은 결핍과 열등감, 부정적인 마음을 대대로 대물림한다는 의미입니다.

카르마는 두 가지 의미를 지닙니다. 첫째는 행복과 불행이 세대를 거쳐 대물림되는 현상이고, 둘째는 십수 년에 걸쳐 형성된 무의식 때문에, 머리로는 이해하지만 마음이 따라 주지 않는 상태를 말합니다. 건강을 위해 운동, 식단, 휴식, 정신 건강을 챙겨야 한다는 것을 머리로는 알면서도 막상 실천하려 하면 작심삼일이 되는 것이 바로 카르마의 영향입니다.

이는 운동뿐 아니라 돈을 버는 일도 마찬가지입니다. 현대사회에는 돈을 벌 방법이 넘쳐나지만, 실제로 고민하고 행동하며 성공할 때까지 지속하지 못하기에 원하는 만큼 벌지 못합니다. 물론 운이라는 변수가 있지만, 그보다 먼저 일에 대한 올바른 태도가 선행되어야 합니다. 돈을 벌어야 하는 이유도 명확하고 방법도 아는데 실천이 안 되는 이유는, 인간의 게으른 천성에 부정적 무의식이 결합되어 불안감, 낮은 자존감, 두려움을 증폭시켜 행동을 가로막기 때문입니다.

결혼 생활도 예외가 아닙니다. 결혼할 때는 죽을 때까지 사랑하겠다고 다짐하지만, 얼마 지나지 않아 미움만 가득한 관계가 되기도 합니다. 자녀가 태어나면 지극히 사랑하겠다고 결심하지만, 막상 육아를 하다 보면 아이와 배우자에게 화를 내는 날이 많아집니다. 이처럼 이성과 의지와 다르게 부정적인 마음이 튀어나와 행복과 정반대의 상황을 만드는 것, 이것이 바로 부정적 무의식의 카르마입니다.

우리 마음의 모양은 두 가지 요소로 결정됩니다. 하나는 불안을 쉽게 느끼도록 설계된 인간의 본능이고, 다른 하나는 10세 이전 부모로부터 받은 정서적 경험입니다. 이 두 요소가 결합하여 온전한 마음 또는 불안정한 마음을 만들어 내는데, 이렇게 형성된 마음의 모양이 바로 카르마입니다. 카르마가 우리 삶에 어떤 영향을 미치는지 그 원리를 이해하면, 자신이 가진 문제의 근원을 발견할 수 있고 이를 극복하는 방법도 찾을 수 있습니다.

3장

마음의 이해와 정의

"마음의 일부는 언어로 구성됩니다."

　많은 사람이 공통적으로 겪는 문제가 있습니다. 형성된 카르마가 생각과 행동에 영향을 미쳐, 삶이 자신이 원하던 방향과는 전혀 다르게 흘러간다는 것입니다. 마음먹은 대로 태도가 나오지 않는 이유를 이해하려면 두 가지 개념을 알아야 합니다. 첫째, 마음의 일부는 언어로 구성됩니다. 둘째, 마음은 플랫폼이자 세계관으로 구조화되어 있습니다.

　앞서 마음이 마음대로 되지 않아 여러 문제가 생긴다고 말씀드렸습니다. 그 가장 큰 원인은 마음의 일부가 언어 형태로 구성되어 있기 때문입니다. 한국어를 예로 들어 보겠습니다. 우리에게 한국어를 사용하는 것은 너무나 자연스럽습니다. 하지만 한국을 한 번도 접해 보지 않은 외국인이 한국어를 알 수 있을까요? 당연히 불가능합니다.

　흥미로운 점은 한국어를 습득하는 원리와 긍정적인 마음을 형성하는 원리가 매우 유사하다는 것입니다. 우리는 한국어를 의도적으로 배우지 않았습니다. 단지 부모님이 늘 한국어를 사용했기에 자연스럽게 습득했을 뿐입니다. 외국인들이 한국어를 배우며 공통적으로 하는 말이 있습니다. "한국어는 정말 어렵다." 그런데 우리는 이 어려운 언어를 왜 쉽게 구사할까요? 태어날 때부터 매일 한국어 환경에 노출되었기 때문입니다.

마음의 언어도 이와 같습니다. 부모가 긍정, 감사, 사랑, 행복, 배려, 공감 같은 마음의 언어를 늘 사용한다면 자녀는 이를 자연스럽게 습득합니다. 한국어로 생각하듯 현명하고 긍정적인 마음으로 생각하게 되고, 따로 노력하지 않아도 좋은 태도로 살아가게 됩니다.

하지만 반대의 경우도 있습니다. 부모가 욕설과 싸움을 일삼고, 상대를 무시하며, 자기주장만 내세워 갈등이 끊이지 않는다면 어떨까요? 또는 부모가 자신의 결핍과 열등감을 채우려고 자녀를 끊임없이 압박한다면? 그 자녀는 부정적인 마음과 낮은 자존감이라는 마음의 언어를 배우게 됩니다. 그리고 이런 사람은 외국인이 한국어를 어렵게 배우듯, 온전한 삶을 위한 긍정적인 마음을 습득하는 데 큰 어려움을 겪게 됩니다.

마음의 일부는 언어이기에 카르마가 형성됩니다. 한국 사람이 대를 이어 한국어를 사용하고 일본 사람이 대를 이어 일본어를 사용하듯, 마음의 언어도 배운 대로 대를 이어 물려받습니다.

긍정적인 예를 들면 부모님이 늘 긍정적인 태도로 작은 것에도 감사하며 씩씩하게 살아간다면, 그들의 일상 대화는 자연스럽게 칭찬, 응원, 위로, 감사의 언어로 가득할 것입니다. 이는 단순한 단어의 나열이 아니라 진심 어린 마음을 전하는 것입니다. 이런 환경에서 자란 아이는 어떻게 될까요? 세상이 아무리 거칠어도 자신을 긍정하고, 자존감을 지키며, 타인을 존중하는 어른으로 성장할 가능성이 매우 높습니다. 그리고 이 아이가 자라 부모가 되면 자신이 배운 긍정의 언어를 다시 자녀에게 물려주게 됩니다. 이것이 바로 긍정적인 카르마입니다.

반대의 경우 부모가 부정적인 마음의 언어를 늘 사용한다면 아이는 그 언어를 고스란히 배웁니다. 무의식 깊은 곳에 부정적 생각이 자리 잡아,

자신도 의도하지 않았는데 다른 사람에게 상처 주는 말과 행동을 하게 됩니다. 그리고 이런 패턴은 결혼하고 자녀를 낳은 후에도 이어져 또다시 대물림됩니다. 결국 우리가 배운 마음의 언어는 자아와 세계관을 형성하는 토대가 됩니다.

우리의 의식과 무의식은 처음에 이미지로 만들어진 후 언어를 통해 해석되어 인지됩니다. 지금 잠시 가만히 앉아 마음을 들여다보면 무의식의 생각들이 떠오르는데, 우리는 이를 한국어로 해석하여 마음에 담아냅니다. 여기서 언어의 특성을 이해하면 '마음의 언어'라는 개념을 더 깊이 이해할 수 있습니다.

언어의 특성을 잘 보여 주는 영화 두 편이 있습니다. 드니 빌뇌브 감독의 2016년 작 「컨택트」와 워쇼스키 감독의 1999년 작 「매트릭스」입니다.

먼저 「컨택트」를 살펴보겠습니다. 어느 날 외계 물체가 지구에 도착하고, 언어학자와 과학자가 외계인과 만나게 됩니다. 언어학자인 주인공은 외계인의 언어를 배우게 되는데, 놀라운 일이 벌어집니다. 새로운 언어를 습득하자 과거부터 미래까지 볼 수 있는 능력이 생긴 것입니다. 주인공의 삶은 완전히 바뀝니다. 처음에는 외계인이 무슨 말을 하는지 전혀 알 수 없었지만, 그들의 언어를 배우자 메시지를 이해하게 되고 내면에 새로운 능력까지 생겼습니다. 이 영화는 언어가 단순한 의사소통 도구를 넘어 새로운 생각을 가능하게 하고 세계관을 확장시킨다는 점을 직관적으로 보여 줍니다.

「매트릭스」에도 비슷한 메시지가 담겨 있습니다. 주인공은 가상세계인 매트릭스에서 살다가 현실 세계를 알게 되고, 두 세계를 오가며 기계로부터 인간을 구원하려 합니다. 이 영화는 액션·오락 영화이면서 동시에 종교와 사랑에 관한 철학적 메시지를 담고 있습니다. 저는 이를 언어적 관점으로도 해석할 수 있다고 봅니다. 클라이맥스 장면에서 주인공은 악당에게 죽임을 당하지만, 여주인공의 사랑으로 다시 살아납니다. 그리고 각성합니다. 그의 눈에 세상은 이제 이미지가 아닌 기계의 언어로 보입니다. 새로운 언어를 습득하자 슈퍼맨 같은 능력을 갖게 되고, 악당을 손쉽게 제압합니다. 영화는 주인공이 하늘을 날아가는 장면으로 끝을 맺습니다.

두 영화의 공통된 메시지는 명확합니다. 새로운 언어를 습득하면 내면에서 새로운 능력과 세계관이 확장되고, 전혀 다른 삶이 펼쳐진다는 것입니다. 이러한 언어의 특성을 이해하면 마음의 언어를 통해 자신을 더 깊이 이해할 수 있고, 온전한 삶의 방향을 잡는 데 도움이 됩니다. 매트릭스의 주인공이 새로운 언어를 배워 각성하고 하늘을 날 수 있는 능력을 얻었듯이, 우리도 현명하고 긍정적인 마음의 언어를 배우면 자신이 가진 마음가짐을 모두 실행할 수 있는 초능력과 같은 놀라운 능력을 갖게 됩니다.

다시 마음의 주제로 돌아와 보겠습니다. 현재 불행을 경험하는 많은 사람들은 부정적인 마음의 언어로 생각하고 말하고 행동합니다. 결핍, 열등, 욕망, 갈망, 미움, 업신여김 같은 부정적 마음의 언어는 대부분 어릴 때 부모로부터 배운 것입니다. 그리고 모국어처럼 깊이 뿌리내리면 잊으려 해도 잊히지 않고, 긍정적인 마음을 가지려 해도 전환이 생각만큼 쉽지 않습니다. 한국인이 한국어를 절대 잊을 수 없듯, 한 번 형성된 마음은 자신의 일부가 되어 세계관을 만듭니다.

여기서 이런 의문이 들 수 있습니다. "부모로부터 배운 부정적 마음의 언어를 평생 가지고 살아야 한다면, 인생은 무조건 불행할 수밖에 없는 건가?"

희망이 있습니다. 마음을 언어라고 정의한 이유가 바로 여기에 있습니다. 모국어가 전부는 아닙니다. 우리는 외국어를 배울 수 있고, 그 언어를 통해 삶을 완전히 다른 방향으로 확장할 수 있습니다. 요즘 유튜브에서 여행 유튜버들을 쉽게 볼 수 있는데, 그들의 이야기를 들어보면 어렸을 때 외국에 대한 경험과 언어 습득이 지금의 삶을 가능하게 했다고 합니다.

마음도 마찬가지입니다. 부정적인 마음이 자리 잡고 있더라도 긍정적인 마음의 언어를 배우고 익히면 자신의 마음과 태도를 긍정적으로 성장시킬 수 있습니다. 그리고 전혀 다른 삶을 경험하게 됩니다.

여러분이 지금의 부정적인 마음에서 벗어나 긍정적인 삶으로 전환하고 싶다면, 이 글을 끝까지 읽고 마인드피티가 제안하는 프로그램을 따라 해 보시기 바랍니다. 외국어를 배우듯 새로운 마음의 언어를 배우고 익히게 될 것입니다. 다만, 긍정적인 마음의 언어를 제대로 습득하려면 먼저 마음이 어떤 구조로 이루어져 있는지 이해해야 합니다. 그래야 자신의 마음을 입체적으로 이해하고 긍정적인 마음을 받아들일 준비를 갖출 수 있습니다.

✳

마음은 내면의 플랫폼이자
고유의 세계관으로 구성되어 있습니다

온전한 삶은 매일 현명한 태도를 쌓아 가며 만들어집니다. 그리고 그 태도는 마음에서 나옵니다. 그렇다면 현명한 태도를 갖춘 마음은 어떻게 만들어질까요? 좋은 이야기를 몇 번 듣는다고 생기는 것이 아닙니다. 건강을 위해 평생 꾸준히 운동하며 근육을 유지하듯, 마음도 특정한 기준과 프로그램을 가지고 지속적으로 훈련해야 합니다. 물론 그러기 위해서는 먼저 마음이 어떤 구조로 이루어져 있는지 이해하고 마음의 모양을 알아야 훈련의 방향을 제대로 잡을 수 있습니다.

우리의 마음은 여러 마음이 모여 플랫폼의 형태를 이룹니다. 플랫폼이라는 말이 생소할 수 있는데, 쉽게 말하면 사람이 많이 모이는 장소나 웹에서 정보를 모아 서비스하는 업체를 '인터넷 플랫폼 기업'이라고 부릅니다. 핵심은 '여러 구성 요소가 모여 있다'는 개념입니다. 마음도 마찬가지입니다. 보통 사람들은 마음이라고 하면 특정한 하나의 생각이나 감정을 떠올립니다. 하지만 마음은 그보다 훨씬 넓은 개념으로 내면의 다양한 정신 작용들이 모여 융합되고, 끊임없이 입력과 출력이 이루어지는 플랫폼이라고 생각하면 됩니다. 이러한 개념을 아래 그림으로 표현했습니다.

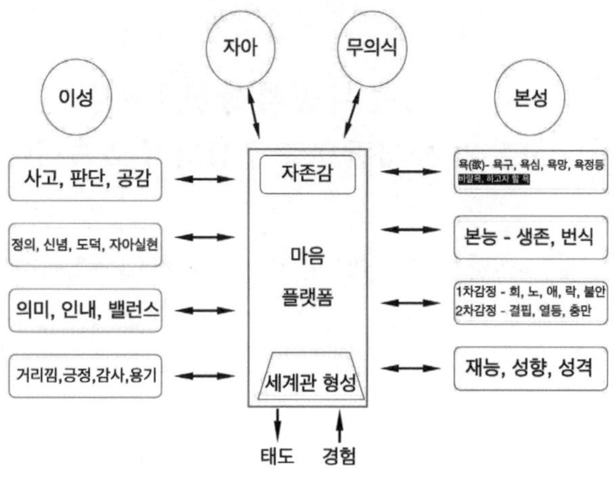

마음은 크게 '자아', '의식과 무의식', '본성', '이성', '마음 플랫폼'이라는 5개의 영역으로 구성되어 있습니다.

1 | 자아

인간의 진화는 곧 뇌의 진화입니다. 인간은 뇌를 발달시키는 전략으로 생존해 왔고, 발달한 뇌는 고도의 지능을 낳았으며, 그 지능은 언어를 만들어 냈습니다. 언어로 표현할 수 있는 것들이 늘어나자 인간의 세계관은 폭발적으로 확장되었고, 그 확장된 세계 속에서 '나'라는 의식이 탄생합니다.

이 '나'라는 자아의 출현은 시간 개념을 낳습니다. 지도에 하나의 점이 찍히면 동서남북이라는 공간 개념이 생기듯, '나'라는 점이 찍히면 과거, 현재, 미래라는 시간 개념이 생깁니다. 그리고 이 시간의 좌표는 인생 전체의 좌표로 확장됩니다. 그때부터 우리는 끊임없이 묻게 됩니다. '왜?', '어디로?', '어떻게?' 이 궁극적 물음에 답하려는 노력이 인류 진화를 더욱 가속화시켰습니다.

언어의 발달은 감정 표현도 확장시켰습니다. 행복, 불행 같은 추상적 개념을 감정으로 느낄 수 있게 되었고, 이 모든 감정이 '나'라는 자아에서 시작된다는 것을 깨닫게 되었습니다. 결국 자아는 언어, 경험, 감각, 감정, 지식을 토대로 고유한 세계관을 형성하고 마음이라는 플랫폼을 구성합니다.

언어를 가진 인간은 자아를 인식할 수밖에 없습니다. 부처는 이를 일찍이 간파했습니다. 자아가 있다고 믿는 것이 괴로움의 시작이라 보고, '나'를 내려놓고 가볍게 살라고 가르쳤습니다. 하지만 저는 '나'를 내려놓는 것은 정신을 초월한 높은 수행자만이 도달할 수 있는 경지라는 생각이 듭니다. 우리 같은 보통 사람들이 온전한 삶을 살려면 오히려 자아를 명확하게 이해하고, 어떤 인생을 살 것인지 끊임없이 고민하고 선택하는 훈련이 필요합니다.

2 | 의식과 무의식

의식은 자신과 사물을 인식하는 정신 작용입니다. 쉽게 말하면 대상을 '알아차린다', '안다', '인식한다'는 표현으로 바꿀 수 있습니다. '나를 의식한다'는 말은 '나를 알아차린다'로 바꿔 말할 수 있습니다.

무의식은 의식의 반대 개념인 '모른다'가 아닙니다. 무의식은 학습된 장기 기억과 본성에서 생성되는 생각들을 뜻합니다. 우리 기억 속에는 숫자라는 기호와 의미가 자리 잡고 있습니다. 숫자를 처음 보는 어린아이에게는 그저 그림 정도로 보이지만, 반복 학습을 통해 장기 기억에 저장되면 나중에는 의식하지 않아도 자동으로 의미가 떠오릅니다. 숫자나

문자뿐 아니라 반복된 감정, 생각, 느낌, 맛, 경험 등 다양한 정보들이 장기 기억에 축적되어 의식하지 않아도 자동으로 떠오르는 정신 작용, 이것이 바로 무의식입니다.

앞서 문제의식을 설명하며 무의식을 자주 언급한 데에는 이유가 있습니다. 무의식은 자신의 의지나 의식과 상관없이 계속해서 특정한 생각을 떠올려 마음에 영향을 주고, 마음먹은 대로 행동하지 못하게 만듭니다. 어릴 때 가정 폭력이나 심한 억압을 경험했다면 결핍, 열등감, 낮은 자존감, 피해 의식 같은 부정적 감정이 무의식 속 장기 기억에 저장됩니다. 그리고 시도 때도 없이 튀어나와 자신을 괴롭힙니다.

다행히 인간에게는 자기방어 기제가 있어서 부정적 무의식이 있어도 삶이 완전히 무너지지는 않습니다. 하지만 힘든 상황을 마주할 때 부정적 무의식이 발동하며 최악의 마음 상태를 만들고 상황을 엉망으로 만듭니다.

건강을 위해 식단과 운동을 해야 한다는 사실을 이제 누구나 압니다. 그런데도 사람들은 운동을 지속하는 사람과 그렇지 못한 사람으로 나뉩니다. 이유는 간단합니다. 몸을 보호하려는 뇌의 기제인 '게으름'이 부정적 무의식과 만나 자기 합리화를 만들어 내고, 운동하려는 행동을 방해합니다. 무의식은 이렇게 마음 전반에 영향을 미치며, 심한 경우 무기력증이나 우울증으로 이어지기도 합니다.

부정적 무의식이 마음에 자리 잡았다면 안타깝게도 평생 함께 살아가야 합니다. '세 살 버릇 여든까지 간다'는 속담처럼 어릴 때 형성된 무의식은 죽을 때까지 지속됩니다. 이는 동서양을 막론하고 공통으로 인정하는 사실입니다. 그렇다면 부정적 무의식은 없앨 수도 없고 평생 고통

받으며 살아야 하는 것처럼 보입니다.

하지만 희망이 있습니다. 무의식과 함께 우리에게는 의식과 이성이 있습니다. 이를 활용해 현명한 마음을 훈련하면 부정적 무의식에 휘둘리지 않고 온전한 삶을 살아갈 수 있습니다.

3 | 본성

본성은 인간이 태어날 때부터 지니고 있는 마음입니다. 앞서 그림에서 보여 드린 마음들이 바로 본성에 해당합니다. 흥미로운 점은 본성이 우리 모두에게 공통적으로 존재하면서도 개개인의 성향과 강도에 따라 제각기 다르게 나타난다는 것입니다. 마인드피티에서는 본성 중에서도 특히 본능에 해당하는 생존과 번식, 그리고 2차 감정인 결핍, 열등감, 충만감 영역을 중심으로 설명드리겠습니다.

4 | 이성

마인드피티에서 말하는 이성은 경험을 통해 얻은 학습된 기억과 생각들을 뜻합니다. 그림의 왼쪽에 배치된 마음들이 모두 이성의 영역입니다. 이들은 모두 하나의 공통점을 가지고 있습니다. 경험과 학습을 통해서만 얻어진다는 점입니다. 이성은 옳고 그름, 선과 악, 도덕, 공감, 성실함을 의식하는 마음입니다. 온전한 삶을 살기 위해서는 반드시 학습되고 훈련되어야 할 마음들입니다.

이성의 역할은 매우 중요합니다. 인간 사회가 오로지 적자생존의 논리만 따르는 비인간적이고 신뢰 없는 곳으로 전락하지 않도록 지켜 주는 것이 바로 이성입니다. 이를 위해서는 사람들이 서로를 돌볼 수 있는 마음의 태도를 가져야 합니다. 그리고 이성이 가장 높은 단계로 발달하면 자아실현에 이르게 되고, 그때 비로소 삶의 진정한 의미를 찾게 됩니다.

다만 경계해야 할 부분이 있습니다. 만약 부정적인 무의식과 본성이 마음 플랫폼에서 지나치게 큰 지분을 차지하게 되면 이성의 영역이 왜곡됩니다. 그 결과 삶은 자신이 원했던 것과는 전혀 다른 엉뚱한 방향으로 흘러가게 됩니다. 타고난 본성과 어린 시절 형성된 무의식은 청소년기나 성인이 된 후에도 바꾸기 어렵습니다. 하지만 이성은 다릅니다. 이성은 배움과 훈련을 통해 얼마든지 발달시킬 수 있습니다. 사랑과 긍정적인 마음의 언어를 습득하면 타고난 본성과 형성된 무의식의 한계를 뛰어넘어 온전한 삶을 살아갈 수 있게 됩니다.

5 | 마음 플랫폼

마음을 표현할 때 우리는 자연스럽게 '마음의 그릇이 넓다', '좁다', '단단하다', '약하다' 같은 말을 씁니다. 이런 표현이 가능한 이유는 마음이 플랫폼의 형태를 가지고 있기 때문입니다. 마음이라는 플랫폼에는 자아, 의식과 무의식, 이성, 본성의 마음들이 연결되어 있습니다. 이들은 서로 영향을 주고받으며 융복합 과정을 거쳐 우리의 언어를 통해 종합적인 마음으로 나타납니다. 경험을 통해 들어온 정보는 해석되어 기억으로 저장되고, 마음 플랫폼에 담겨 결국 태도로 발현됩니다. 마음 플랫폼을 구성하는 마음들이 상호작용하며 자신만의 세계관이라는 그릇을 형성하고, 우리는 이 세계관을 통해 세상을 보고 해석합니다.

마음을 플랫폼으로 이해하는 것이 중요합니다. 특정한 생각이나 감정은 마음의 일부일 뿐 전부가 아니기 때문입니다. 이것은 우리 몸에 비유하면 이해하기 쉽습니다. 몸이라는 플랫폼에 팔, 다리, 손, 발이 연결되어 있습니다. 손가락을 가리킬 때 우리는 '몸의 일부'라고 말하지 '몸'이라고 하지 않습니다. 몸 어딘가에 병이 생기면 몸 전체를 살펴야 제대로 치료할 수 있습니다. 손가락을 몸이라고 착각하면 손가락만 보게 되고 정확한 치료가 불가능해집니다. 마음도 마찬가지입니다. 특정 감정이나 생각만을 마음이라고 여기면 전체를 이해할 수 없고, 문제를 정확히 파악하고 해결할 수 없어 마음은 회복되거나 성장할 수 없습니다.

구체적인 예를 살펴보겠습니다. 아이를 키우는 부모가 결혼 생활과 육아 과정에서 심한 갈등을 겪는다고 가정해 봅시다. 이때 아이나 배우자에 대해 사랑과 미움의 마음이 동시에 생깁니다. 마음속에는 사랑도 있고 미움도 있는데, 미움의 감정이 격해지고 오래 지속되면 대상을 미워하는 방향으로 마음과 태도가 굳어지며 갈등은 더욱 심각해집니다. 보통 이런 상황은 본인 마음속에 결핍, 열등감, 우울 같은 부정적 무의식이 영향을 미쳐 발생합니다. 해결 방법은 명확합니다. 문제의식을 갖고 마음 플랫폼에서 어떤 부분이 자신을 이토록 부정적으로 만드는지 분석해야 합니다. 원인에 해당하는 마음을 해소하고 단단하게 만들어 가족 간 갈등을 줄여야 본질적 문제가 해결됩니다. 마음 전체를 살피지 않고 상대를 탓하며 상대의 태도만 고치려 해서는 해결되지 않습니다. 미움이라는 감정은 단순히 상대의 잘못된 행동 때문에 생기는 것이 아닙니다. 본성, 무의식, 이성의 마음들이 복합적으로 작용하고 특정 경험과 만나 폭발하는 것입니다. 종합적으로 분석해야 어려운 상황을 해결할 수 있습니다.

또 다른 예를 보겠습니다. 요즘 건강 유지에 실패하는 사람들이 정말 많습니다. 30대에 벌써 당뇨병을 앓거나 디스크와 관절에 문제가 생기는 경우가 급증하고 있습니다. 건강에 문제가 있는 사람들을 살펴보면 대부분 식단 조절, 운동, 숙면을 제대로 하지 못합니다. 건강 상태가 나빠지면 감정의 회복탄력성도 떨어지고, 정신 건강도 취약해지며, 건강은 더욱 악화되는 악순환에 빠집니다. 30대라면 그나마 성장 호르몬 덕분에 버티지만, 40대 이후에는 호르몬 분비가 줄어들며 건강이 급격히 악화됩니다.

건강 유지가 어려운 사람들을 보면 식단, 음주, 흡연 조절에 어려움을 겪고 운동을 힘들어합니다. 이런 문제를 마주하면 자신이 나약하거나 음식을 너무 좋아한다고 단정하며 건강 관리를 포기하는 경우가 많습니다. 하지만 이는 나약함이나 음식 선호 때문이 아닙니다. 더 복잡한 이유가 있습니다. 마음 플랫폼으로 해석하면 명확해집니다. 먹는 것을 조절하기 힘든 사람은 식욕이라는 본능과 함께 무의식 속 결핍 감정이 작용합니다. 몸은 배고프지 않은데도 배고픈 느낌이 들어 식단 조절이 무너집니다. 부정적 무의식을 가진 사람은 늘 결핍을 안고 살아가다가 음식에서 그 결핍을 채우는 느낌을 받습니다. 결핍이 채워지는 경험은 안정감과 쾌감을 동시에 주고, 삶에서 음식이 최우선이 되며 점점 의존하게 됩니다. 특히 자존감이 낮아 타인과 소통이 어려운 사람은 부정적 감정을 밖으로 해소하지 못하고 내부에서 해소하려 합니다. 음식으로 결핍을 채우려 하다 중독되고, 건강은 서서히 나빠집니다.

술 중독도 비슷합니다. 마음속에 늘 결핍과 열등감을 가지고 살다가 우연히 술로 감정이 해소되고 해방되는 경험을 하면서 중독이 시작됩니다. 술에서 깨면 정신이 돌아오고 다시 결핍된 마음에 힘들어하다가 이를 채우려는 갈망으로 매일 술을 마시는 악순환이 생깁니다. 음식이나 술에 중독되어 건강에 적신호가 켜지면 그제야 마음을 다잡으려 하지만, 마음 플랫폼에서 부정적 무의식과 결핍이 대부분을 차지하고 있어 이성적 생각은 금세 사라지고 결핍을 해소하려는 행위가 계속됩니다.

이 두 가지는 온전한 삶을 위한 마음 플랫폼의 밸런스가 무너진 경우입니다. 현재 불행을 겪는 사람들의 마음을 자세히 들여다보면 대부분 마음의 밸런스가 깨져 있습니다. 마음을 플랫폼으로 인지해야 하는 이유는 명확합니다. 자신의 문제를 특정 마음이나 대상의 문제가 아닌 복합적인 마음 작용의 문제로 인식해야 근본적으로 해결되기 때문입니다. 온전한 삶을 위해서는 단순히 긍정적인 마음 하나만으로는 부족합니다. 마음 플랫폼의 모든 마음을 성장시키고 밸런스를 맞춰야 좋은 태도를 갖게 되고, 좋은 태도가 쌓여 결국 온전한 삶이 만들어집니다.

마음의 세계관 형성

어릴 때부터 사랑과 긍정적인 마음의 언어를 경험하며 자란 사람의 세계관은 밝고 따뜻하며 씩씩합니다. 이런 세계관을 가진 사람은 어떤 상황을 만나도 긍정적으로 해석하는 태도를 자연스럽게 갖게 됩니다. 인간관계에서도 긍정적인 영향력을 발휘하며 주변 사람들에게 선한 영향을 미칩니다. 자신을 소중히 여기는 마음으로 자기 돌봄을 잘하게 되고, 돈과 건강에 관해서도 도덕적이고 성실한 태도를 유지합니다.

반대의 경우를 살펴보겠습니다. 어릴 때부터 정신적, 육체적으로 학대받고 소외받는 환경에서 자란 사람이 성인이 되면 세계관이 크게 다릅니다. 결핍과 외로움, 불안으로 가득한 부정적 세계관이 형성되고, 그 세계관은 혼돈으로 채워집니다. 어린 시절부터 청소년기까지 형성된 각자의 고유한 세계관은 삶 전반에 걸쳐 결정적인 영향을 미칩니다. 자신을 긍정적 성장의 방향으로 이끌 것인지, 파괴적이고 외로운 방향으로 이끌 것인지를 좌우하는 핵심 요소입니다.

마음속 세계관은 렌즈에 비유할 수 있습니다. 같은 장소에서 10명의 사람이 하늘을 본다고 상상해 봅시다. 각자의 눈에 서로 다른 색의 렌즈를 착용하고 있다면 하늘의 색과 느낌은 각자에게 완전히 다르게 경험됩니다. 어두운 색 렌즈를 쓴 사람은 밤이 된 줄 알고 불을 켜려 할 것이고, 투명한 렌즈를 가진 사람은 멋진 하늘을 감상하며 전혀 다른 행동을 하게 됩니다. 이렇듯 인간은 자신이 가진 성향과 어린 시절의 경험으로 인해 저마다 다른 세계관을 형성하고, 그 세계관을 통해 세상을 바라보며 삶을 살아갑니다.

이를 잘 보여 주는 예가 있습니다. 한 명의 엄마에게서 태어난 형제나 자매라도 각자는 서로 다른 엄마를 경험하며 살아갑니다. 외형적으로는 같은 엄마지만, 각자가 경험하는 엄마는 매 순간 다릅니다. 시시각각 변하는 상황 속에서 각자가 인식하는 엄마는 사실상 다른 엄마라고 할 수 있습니다.

결국 우리는 자신의 성향과 자라 온 환경에 의해 형성된 고유의 세계관으로 세상을 해석하며 살아갑니다. 여기서 중요한 구분이 있습니다. 각자가 가진 성향, 즉 본성은 바뀌지 않는 상수의 마음입니다. 반면 세계관은 언제든 변할 수 있는 변수의 마음입니다. 온전한 삶으로 전환하기 위해서는 바뀌지 않는 마음을 억지로 변화시키려 애쓰기보다, 배우고 훈련을 통해 변할 수 있는 마음 플랫폼과 세계관을 형성하는 데 힘을 집중해야 합니다.

사랑

마음이 마음대로 움직이지 않기에 삶에 다양한 문제가 생긴다고 앞서 이야기했습니다. 마음의 일부가 언어의 형태로 구성되어 있어 누군가로부터 배우고 훈련받지 않으면 습득할 수 없기 때문입니다. 긍정적인 마음이 학습되지 않으면, 무의식 속 부정적인 생각들이 마음 플랫폼의 대부분을 차지하며 부정적인 세계관을 형성합니다. 그 결과 의도하지 않은 태도가 발현되고 삶은 엉뚱한 방향으로 흘러갑니다.

정서적, 육체적 학대를 받으며 긍정적인 마음의 언어를 배우지 못하면 부정적인 카르마가 형성되어 삶 전체에 영향을 미칩니다. 이 문제는 다음 세대로 이어지며 확대되고 반복됩니다. 하지만 부정적인 카르마를 끊어내고 긍정적인 마음의 언어를 배우고 익히면 높은 자존감이 형성되고 마음이 단단해집니다. 그러면 자신의 의지대로 삶을 살아갈 수 있게 됩니다. 긍정적인 마음의 언어 중 가장 대표적인 정신 작용이 바로 사랑입니다.

이성 간의 사랑, 부모와 자식 간에 상대가 온전해지길 바라는 사랑, 롤 모델에 대한 존경을 담은 사랑, 연예인이나 동경의 대상을 향한 사랑. 우리가 흔히 생각하는 바로 그 '사랑'입니다.

여기서 여러분은 이런 생각이 들 수 있습니다. '이 책도 흔한 자기계발서처럼 자신을 사랑하고 일을 사랑하라는 뻔한 이야기 아닐까?' 하지만 저는 20년 차 자기계발 콘텐츠 '덕후'로서 자신 있게 말합니다. 이 책은 기존 콘텐츠에서 다루지 않는 근본적인 문제 해결을 제시하는 내용으로 사랑을 다루기 때문에 확실한 차별점이 있습니다.

사랑이란 무엇이고 왜 중요한지부터 살펴보겠습니다. 인간은 세 가지 목적을 가지고 태어납니다. 생존, 번식, 자아실현. 이 명령은 DNA에 새겨져 있어 죽을 때까지 끊임없이 추구하며 살게 됩니다. 인간이 다른 포유류와 다른 점은 자아실현이 추가되었다는 것과 생존과 번식을 대하는 방법이 근본적으로 다르다는 것입니다.

일반 포유류는 태어나서 짧으면 2~3개월, 길어도 1년 내에 성체가 되어 스스로 먹이를 찾아 독립합니다. 인간은 완전히 다릅니다. 부모로부터 독립하여 생존할 수 있는 성체가 되기까지 최소 10년이 걸립니다. 태어나서 10년 동안 몸을 보호할 털도 없고, 빠르게 움직일 근력도 없으며, 생존에 필요한 지능도 제대로 갖춰지지 않습니다. 부모나 주변 사람들은 10년 이상을 지극정성으로 돌봐야만 아이가 생존할 수 있습니다. 많은 동물이 태어나자마자 걷지만 인간은 최소 7~8개월은 지나야 간신히 서서 한 걸음 걸을 수 있습니다. 물론 신체 성장 속도도 다른 개체와 한참 차이가 납니다.

10년 동안 부모의 보호를 받으며 생존한다는 것은 무엇을 의미할까요? 보호 아래 충분한 영양 공급을 통해 강한 신체가 아닌 뇌를 고도화하는 방향으로 인간이 진화했다는 뜻입니다. 이 덕분에 복잡한 언어가 출현했고, 복잡한 사회 문명을 이룩할 수 있었습니다.

10년은 결코 짧은 시간이 아닙니다. 그동안 자식을 지극하게 돌본다는 것은 정신적, 육체적 에너지가 엄청나게 필요한 일입니다. 아이가 태어나서 1년에서 2년까지는 배변을 못 가려 일일이 챙겨야 하고, 조금 크면 잠깐 한눈팔면 위험한 행동을 서슴없이 합니다. 말을 배우면서 자기

주장이 강해져 부모와 갈등이 생기기 시작합니다. 먹는 것도 매일 챙겨야 하고 놀이도 함께해야 합니다. 아이 키우기에 관한 책과 영상이 수없이 많이 제작될 만큼 방대하고 에너지가 많이 드는 일입니다.

직업적 노동은 보상이 있어 납득할 수 있습니다. 하지만 육아는 현물 보상이 없고 육체적, 정신적 에너지만 소모해야 하는 일입니다. 이성적으로 보면 불합리합니다. 10년 넘게 아무런 이득 없이 자신의 몸과 마음을 극한으로 희생한다는 것은 자연에서 볼 수 없는 이상한 현상입니다.

이러한 인간만의 독특한 돌봄 방식은 오롯이 뇌 성장을 통한 생존, 번식 전략입니다. 뇌를 성장시키는 전략은 사랑, 행복, 의미, 긍정, 감사, 충만 등 긍정적인 마음의 개념을 가지는 고도의 정신 작용을 가능하게 합니다. 발달한 뇌에서 파생된 정신 작용 중 사랑은 특히 중요합니다. 사랑은 10년 이상 아무런 보상 없이 자식을 돌볼 수 있게 만드는 강력한 힘입니다.

아이가 온전하게 성인이 되려면 부모는 긴 시간을 희생해야 합니다. 그 과정에서 몸과 정신이 망가질 수 있습니다. 부모 자신의 정신을 보호하기 위해 자식을 돌볼 때 뇌에서는 강력한 정신 작용인 부성애와 모성애, 즉 사랑의 감정을 느끼게 합니다. 이를 통해 아이가 어른이 될 때까지 힘든 여정을 버틸 수 있는 에너지가 만들어집니다. 이를 우리말로 내리사랑이라 합니다.

우리는 사랑을 좋아하는 감정, 기쁨, 좋은 것 정도로 가볍게 생각하기 쉽습니다. 하지만 사랑의 개념을 자세히 들여다보면 훨씬 깊은 의미가 담겨 있습니다. 자신과 타인을 돌보라는 인간 DNA의 본능적인 정신 작용, 그것이 바로 사랑입니다.

✳

사랑의 세 가지 카테고리

사랑은 세 가지 카테고리로 나눌 수 있습니다.

> ① 이성 간 사랑의 감정
>
> ② 자신에게 의미를 갖는 것들에 대한 사랑의 감정
>
> ③ 부모가 자녀의 돌봄을 위해 하는 부성애, 모성애의 내리사랑

여기서 흥미로운 점이 있습니다. 1번과 2번에는 '감정'이라는 표현이 붙어 있는데, 3번에는 없습니다. 그 이유는 1번과 2번은 노력하지 않아도 이성에게 끌리고 자신이 좋아하는 의미 있는 것들에 대해서 자연스럽게 좋아하는 감정이 생기기 때문입니다. 하지만 3번의 부성애, 모성애의 내리사랑은 자연스럽게 일부 생기기는 하지만 이것만으로는 희생을 해야 하는 힘든 육아를 해내기 어렵습니다. 부모의 자식에 대한 사랑은 저절로 충분히 생겨나는 것이 아니라, 누군가로부터 배우고 사랑하는 방법을 학습해야 비로소 희생하는 사랑이 가능해집니다.

1번과 2번의 사랑은 자신이 돈이나 권력을 많이 가지면 대상이 자신을 사랑하게 만들 수도 있습니다. 하지만 부모가 자녀에게 아무리 돈을 쏟아부어도 부모가 자녀에 대한 내리사랑이 없으면 자녀의 마음에는 결핍과 열등감, 그리고 부정적인 마음이 자리하게 됩니다. 자녀에게 내리

사랑 없이 돈과 좋아하는 감정만으로는 아이를 온전한 상태의 성인으로 키워내기 힘듭니다. 그 이유는 부모 각자가 가진 욕망, 욕심, 결핍, 열등 감 같은 이기적이고 부정적인 감정들과 자녀의 인정욕구, 사랑받고 싶 은 마음이 충돌하기 때문입니다.

자녀를 온전하게 키우기 위해서는 부모 자신의 몸과 마음, 감정을 우 선하지 않고 자녀의 돌봄을 우선하는 희생을 해야 합니다. 여기서 인간 의 근본적인 딜레마가 발생합니다. 인간은 누구나 태어날 때부터 가장 우선순위가 '자신의 몸과 마음'이라고 세팅되어 있습니다. 하지만 자녀 를 위해서는 자신을 희생해야 하는 딜레마가 발생합니다.

예를 들어 어떤 부모에게 아이가 태어났습니다. 갓난아기일 때는 세상 을 다 줄 것 같은 마음으로 지극정성으로 아이를 보살핍니다. 하지만 부 모가 갓난아이를 돌보기 위해 몇 날 며칠 밤을 새우다 보면 체력적으로 조금씩 지쳐 가게 되는데, 밥도 잘 먹지 못하고 잠도 거의 못 자면서 자 연스럽게 화가 생깁니다. 100일의 기적이라고 해서 아이가 몇 달 후 밤 에 잠을 자기 시작하면서 한숨 돌리고 약간의 안정된 시기를 보냅니다. 이것도 잠시, 아이가 걷고 말을 하기 시작하면 이때부터 부모와 아이 사 이에는 본격적으로 갈등이 시작됩니다.

어느 것 하나 부모의 마음대로 아이가 말하고 움직이지 않습니다. 이 때 부모의 마음이 안정되고 사랑을 제대로 알고 있다면 이 시기도 큰 갈 등 없이 지나가는데, 많은 부모는 이때부터 자신의 생각과 다르게 펼쳐 지는 상황들을 받아들이기 힘들어하면서 쉽게 아이에게 화를 내는 경우 가 많습니다. 이 시기는 아이가 아직 어려서 부모가 화를 내면 말을 듣는 것 같지만, 아이가 초등학생이 되면 점점 부모의 높은 언성은 효과가 줄어들면서 갈등은 점점 커지고 많아집니다.

만약 이 시기에 사교육을 강도 높게 시작한다면 갈등은 더욱 심각해집니다. 아이들은 각자 타고난 재능이 있는데 자녀 마음의 목소리는 듣지 않고 부모의 불안한 마음에만 집중해, 강도 높고 일괄적인 사교육을 강행하여 아이에게 상처를 주는 경우도 많습니다. 아이가 태어나서 청소년이 되기까지 십수 년의 시간 동안 부모와 갈등 상황이 많이 벌어지는데, 이 시기에 부정적인 마음의 언어를 배우면 무의식에는 결핍, 열등감, 불안이 심겨 성인이 되어서 마음이 마음대로 되지 않는 상황들이 발생합니다.

만약 부모가 아이를 보살피는 데 있어 제대로 된 내리사랑을 한다면 부모는 아이를 자세히 살펴보면서 긍정적인 언어, 사랑의 언어를 사용하게 됩니다. 그러면 부모와 아이 사이에는 갈등이 있는 자리에 긍정과 신뢰, 사랑이 자리해서 아이의 마음에는 자존감이 높아지고 스스로를 사랑하는 마음의 언어를 배워서 씩씩하게 자신의 삶을 사는 긍정적인 카르마를 갖게 됩니다.

결국 부모 자신을 우선하는 마음과 자식에게 희생해야 하는 딜레마를 풀어낼 수 있는 키는 사랑이라는 정신 작용이 유일합니다. 만약 결혼을 하지 않은 독자라면 여기에서 '부모는 희생만 하고 아무것도 보상이 없다면 온전하게 사랑을 할 수 있을까?'라는 의문이 생길 수 있습니다. 자식을 사랑하면 물질적인 보상은 없지만 이 세상에서는 경험할 수 없는 정신적 충만감을 보상받을 수 있습니다.

아이가 태어나 조그만 손이 나의 손가락을 잡을 때, 아이가 나를 보고 웃을 때, 새근새근 잠을 잘 때, 첫걸음을 할 때, 멀리서 달려와 나에게 안길 때, 엄마 아빠라고 말을 할 때, 유치원에서 무슨 일이 있었는지 조잘조잘 말해 줄 때, 요리를 해 주면 맛있게 먹어 줄 때, 씩씩하게 입학을 할 때, 힘들어하는 나를 위로해 줄 때 등 수없이 많은 이벤트에서 가슴이 벅차고 마음이 채워지는 충만감을 느낄 수 있습니다. 부모 자신이 희생해서 자녀를 사랑하면 자본이나 물질로는 경험할 수 없는 감정으로 넘치도록 충분한 보상을 받을 수 있습니다.

그래서 결혼해서 아이를 키워 본 경험이 있는 부모들이 청년들에게 꼭 결혼해서 아이를 낳아 길러 보라는 말을 하는 이유가 여기에 있습니다. 힘들게 돈을 벌어서 맛있는 음식을 사 먹으면 기분이 좋습니다. 하지만 힘들게 희생을 해서 아이를 사랑으로 키우면 기분 좋은 감정 이상의 차원이 다른 감정을 선물받는다고 감히 단언할 수 있습니다. 사랑은 이 세상에서 그 어떤 쾌감보다 높은 차원의 충족감과 충만감을 경험할 수 있는 정신 작용으로, 대상에 대해 희생해야 할 때 기꺼이 할 수 있는 에너지를 가집니다.

사랑의 태도

자녀가 온전한 마음을 가지고 성인이 되는 것은 자연스럽게 생기는 현상이 아닙니다. 부모가 의도를 가지고 사랑이라는 정신 작용을 기반으로 한 돌봄을 통해 비로소 가능합니다. 다수의 부모는 자녀를 사랑하고 엄청나게 희생하며 아이를 키운다는 것을 너무나 잘 알고 있습니다. 다만 아쉬운 점은, 어떤 부모는 자녀에 대한 애틋한 감정과 희생을 마음의 언어로써 배우지 못해, 자녀를 향해 사랑의 마음이 아닌 부정적이고 비뚤어진 태도가 발현되면서 가정환경을 불안정하게 만들기도 한다는 것입니다.

불안한 가정환경에 놓인 많은 부모들의 마음속에는 배우자와 자식에 대한 사랑이 크고 애틋합니다. 하지만 자꾸 부정적인 자신의 태도가 튀어나와 갈등이 생기는 상황에 대해 어찌할 줄 몰라 합니다. 긴장되고 불안한 가정환경으로 인해 아이의 마음에 결핍과 열등감이 생기지 않게 하기 위해서는 부모는 자녀에게 사랑을 줄 때 명확한 기준을 가지고 말과 행동을 해야 합니다.

이를 마인드피티에서는 '사랑의 태도'라 이름 지었고, 다섯 가지 행동 기준을 제시합니다. 앞에서 사랑은 마음의 언어라고 설명드렸는데, 언어의 특징에는 '언어를 구성하는 규칙'이 있습니다. 사랑도 마음의 언어로서 사랑의 태도라는 규칙을 정해 놓고 이를 행동함으로써 '대상을 사랑한다'는 행위를 완성하게 됩니다. 사랑의 태도 다섯 가지는 어떤 것이 있는지 살펴보겠습니다.

사랑의 태도 다섯 가지

사랑하는 자신 또는 대상을

1) 믿는다.

2) 잘 살펴본다.

3) 대화하고, 질문하고, 모르는 것이 있다면 잘 알려 준다.

4) 희생한다.

5) 기다린다.

'자신을 사랑한다' 또는 '부부간, 부모 자식 간에 사랑한다'라고 할 때 사랑의 태도에는 이 다섯 가지 행위가 필요합니다. 이 다섯 가지 태도를 모두 갖추어야 내리사랑이 완성되고, 이를 지속적으로 실천해야 그 대상이 온전해지며 관계도 좋은 상태를 유지할 수 있습니다.

사랑의 태도 다섯 가지를 보면 너무 평범한 내용으로 생각할 수 있고, 평소 자신이 이미 잘 실천하고 있다고 생각할 수도 있습니다. 하지만 내용을 자세히 들여다보면 잘 몰랐거나 생각보다 제대로 실천하지 않고 있다는 것을 알게 됩니다. 사랑의 태도 다섯 가지는 구체적으로 어떤 내용인지 자세히 살펴보겠습니다.

1 | 믿는다

'믿음'의 사전적 의미는 '어떠한 사실이나 대상의 특성을 실제로 그렇다고 여기는 것' 또는 '논리적 증거나 확실한 증거 없이도 어떤 대상에 헌신하고 신뢰하는 것'입니다. 이러한 의미를 바탕으로 보았을 때 여러분은 자신, 연인, 배우자, 자녀, 부모님 등 사랑하는 사람에게 어느 정도의 믿음을 가지고 계신가요? 많은 사람이 믿음에 관해 깊이 생각해 본 적이 없거나, 의미를 다르게 해석하여 왜곡된 믿음으로 문제가 생기는 경우가 있기 때문에 믿음이라는 주제를 자세히 들여다볼 필요가 있습니다. 마인드피티에서 말하는 사랑의 태도의 첫 번째 조건인 '믿는다'는 어떤 것인지 살펴보겠습니다.

사람들은 '사랑하는 상대를 믿는다'라는 의미를 '사랑하는 상대가 자신에게 사랑을 줄 것으로 믿는다'라고 생각하면서 '받는 것'의 의미로서 믿음을 생각하는 경우가 많습니다. 하지만 마인드피티에서 사랑의 태도 속 '믿는다'는 의미의 주체는 자신의 감정이 아닌 '사랑하는 대상을 믿는다'는 의미로 해석해야 합니다. 즉, '믿는다'를 풀어 말하면 대상이 자신에게 무엇인가를 줄 것이라는 믿음이 아닌, '자신이 대상을 사랑하면 사랑하는 대상은 온전해질 수 있다고 믿는다'라고 해석할 수 있습니다.

문제는 사랑하는 대상이 온전해질 수 있을 것이라는 믿음을 지속하지 못하는 데에서 발생합니다. 부부간 또는 부모와 자녀 간에 당연히 믿음이 있을 것이라 자신은 생각하겠지만, 막상 여러 상황에서 상대를 의심하는 경우가 다반사입니다. 예를 들어 부모가 자녀에게 당연하게 믿음을 가진다고 생각하지만, 자녀의 말과 행동이 자신의 생각과 다르면 부모의 말을 들을 것이라는 생각으로 한두 번 말하다가 바로 언성이 높아지는 경우가 많습니다.

만약 부모가 자녀에게 믿음이 있다면, 자녀가 바르지 못한 태도를 보였을 때 화와 짜증을 표현하는 대신, 설득을 통해 이해시켜 자녀가 좋은 태도를 가질 수 있도록 도와주는 현명함을 보일 수 있습니다. 사랑하는 대상에게 화를 낸다는 것은 자신의 생각이 옳다고 믿는데 상대가 자신의 생각에 따르지 않을 때 감정이 격해지면서 나오는 반응입니다. 표면적으로는 대상의 잘못처럼 보이지만 현상을 깊이 들여다보면 결국 사랑하는 대상을 믿기보다 자신의 감정에 집중하여 발생하는 것임을 알 수 있습니다.

만약 부정적인 감정을 표현하는 대신, 대상이 아직 잘 몰라서 갖게 된 태도에서 오는 것을 인지하고, 대상이 잘할 수 있으리라 믿음을 가지고 잘 알려 준다면 사랑하는 대상은 끝내 현명한 태도를 가지게 되어 온전해질 것입니다.

사랑하는 자신 또는 상대를 온전하게 사랑하는 것은 '사랑하는 대상을 믿는다'에서 출발합니다. 마인드피티에서의 사랑은 자신의 감정을 채우기 위한 행위가 아닌, 사랑하는 대상이 온전해지는 상태를 갖기 위해 돌보는 행위로 정의합니다. 대상이 온전한 상태가 되기까지는 꽤나 오랜 시간을 돌보면서 기다려야 하는데, 이때 믿음을 갖지 않으면 기다리는 시간 동안 엄청난 고통이 있기 때문에 사랑을 지속할 수 없게 됩니다. 사랑의 행위를 완성시키기 위해서는 대상에 대한 믿음이 우선되어야 합니다.

2 | 잘 살펴본다

사람은 누구나 의식이라는 정신 작용을 가지고 있습니다. 의식이란 자신의 정신 또는 감각의 지점이 어느 한곳에 집중한 상태를 아는 것을 의미하고, 의식의 집중을 스스로 모르는 상태를 무의식이라 할 수 있습니다. 많은 사람들은 사랑하는 대상이 있는 경우 사랑한다고 생각과 말은 하지만 정작 의식은 자신의 감각에 집중하는 경우가 많습니다.

예를 들어 서로 사랑하는 연인 간의 관계라면 자신의 의식을 상대에 집중하여 잘 살펴봐야 상대가 어떤 마음의 상태인지 알 수 있습니다. 상대의 마음 상태에 따라 도움이 필요하면 도와주고 즐거움이 생기면 같이 기뻐할 수 있는 공감과 연결을 할 수 있습니다. 그런데 각자 자신의 스마트폰을 들여다보면서 SNS에 의식이 집중된 상태라면 상대가 어떤 상태인지 파악하기 어렵습니다. 상대의 마음보다 자신의 무료함, 결핍, 불안을 해소하는 것이 우선시되기 때문에 이러한 현상이 발생합니다. 각자 자신의 마음에만 집중하면 상대의 마음을 읽지 못하게 되면서 서로 쉽게 오해가 생길 수 있고, 각자 자신의 결핍과 열등감을 채우기 위한 언행으로 상대에게 쉽게 상처를 주면서 갈등이 생깁니다.

사랑의 태도에서 상대를 잘 살피는 노력을 해야 하는 이유는 모든 사람은 신체 상황, 재정 상황, 사회적 상황 등 외형과 심리, 정신, 마음의 내면 모습들이 시시각각 변하기 때문입니다. 사람이 변화한다는 것을 누구나 잘 알고 있는 현상이지만 의식하지 않으면 마치 변화하지 않는 것 같은 착각을 하게 됩니다. 사랑하는 대상을 잘 지켜보면 컨디션의 변화를 알 수 있어 좋은 대응으로 돌봄이 가능해지고, 상대는 온전함을 갖는 데 있어 큰 도움이 됩니다.

구체적인 예를 살펴보겠습니다. 부모가 자녀를 대할 때 부모의 할 일을 하면서도 의식은 언제나 자식의 상태를 살펴야 합니다. 성장하는 상태의 자녀는 신체의 변화뿐만 아니라 정신적인 변화의 폭도 상당히 크기 때문에 잘 살펴보지 않으면 자칫 자녀의 마음에서는 부모로부터 무관심을 느껴 결핍과 열등감으로 이어질 뿐만 아니라, 자녀들이 처한 여러 가지 어려움에 대해 부모로서 도움을 줄 수 있는 타이밍을 놓쳐 자녀가 곤란한 지경에 빠지면서 부모와 자녀 간에 갈등 상황으로 번질 수 있습니다.

만약 육아하는 부모의 의식이 늘 부모 자신의 결핍에 집중되어 자녀의 마음을 잘 살피며 사랑하지 않으면 부모의 마음에서는 자녀에 대해 사랑하지만 미움도 동시에 가지게 됩니다. 사랑과 미움이 동시에 생기는 이유는 부모는 자녀라는 이유만으로 본능적으로 사랑의 감정이 생기지만, 동시에 자녀를 케어하는 데 많은 시간과 에너지가 소모되기 때문에 부모 자신의 불행한 감정을 자칫 자녀의 육아로 책임을 전가하면서 미움이 생겨나는 것입니다. 부모의 의식이 무료함, 외로움 같은 감각에 집중되어 늘 SNS, 게임 등에 정신이 팔려 있으면 자녀에게 그만큼 신경을 쓰지 못하게 됩니다. 어린아이의 경우 호기심이 많고 자신을 통제하기 힘들기 때문에 언제든지 안전사고에 노출되는 상황에서 부모의 의식이 자녀의 안전에 집중한 상태인지 잘 살펴보지 않는다면 아이는 언제든 안전사고에 노출되어 부상의 위험이 높아집니다. 혹여 자녀가 부상을 당하면 그제야 후회를 하거나 오히려 자녀에게 화와 짜증을 내어 갈등이 더 커지는 악순환이 생기는 경우도 많습니다.

부모 자신의 감정에 집중하기보다 자녀의 몸과 마음의 상황에 의식을 집중하고 잘 살펴본다면 자녀의 여러 상황에 현명하게 대응할 수 있게 되기에, 사랑하는 대상에 의식을 집중하여 잘 살펴보는 것은 상대의 온전함을 갖는 데 중요한 요소입니다.

혹여 '잘 살펴본다'의 의미를 오해하면 안 됩니다. 이것은 스토킹하듯 숨 막히게 찰싹 달라붙어서 모든 것을 통제한다는 뜻이 아닙니다. 부모 자신의 일을 하면서도 의식은 사랑하는 자녀와 느슨하게 연결된 상태를 의미합니다.

3 | 대화, 질문, 모르는 것이 있다면 잘 알려 준다

사랑의 감정은 양날의 검을 가지고 있어 자칫 잘못하면 상대를 위해서 한 말과 행동이 상처를 주기도 합니다. 예를 들면 연인 사이에 사랑의 감정이 너무 과해서 숨이 막힐 듯한 간섭을 하여 상대의 마음을 불편하게 하는가 하면, 부모가 자녀를 사랑한다고 하면서 자녀가 스스로 독립을 할 수 없을 만큼 모든 것을 부모가 대신하여 자녀의 정신은 어린아이에 머무른 상태에서 몸만 어른으로 자라서 인생을 힘겨워하는 경우도 생겨납니다. 사랑하는 연인 또는 가족 간의 관계에서 반드시 어느 정도 선이 필요합니다. 대상을 사랑한다고 하여 자신의 감정을 우선하여 상대방의 의사를 묻지 않고 말하고 행동하면 오해가 생기고 상처가 따라오기에, 사랑하는 상대방에게 자주 물어보며 대화를 시도해야 합니다. 이때 대화와 질문은 사랑의 태도에서 언급한 믿음을 기반으로 잘 살펴보면서 해야 합니다.

대화와 질문의 기본적인 자세는 상대의 목소리를 먼저 귀담아들어야 한다는 것입니다. 상대의 목소리를 자세히 듣고 있으면 자연스럽게 서로의 마음속에 있는 기쁨, 슬픔, 외로움, 불안 같은 여러 감정을 공감하고 공유할 수 있게 됩니다. 그리고 상대가 지식과 지혜에 관해 모르는 것이 있다는 것을 발견하면 자신의 지식과 지혜를 가지고 의견을 내어 상대가 모르는 부분을 잘 알려 줄 수 있어야 합니다.

사랑한다는 것은 상대와 연결된다는 것을 의미합니다. 상대를 믿고 잘 살펴보면서 대화하고, 질문하고, 알려 주는 과정을 통해 사랑하는 상대와 진정으로 연결될 수 있습니다.

4 | 희생한다

상대를 사랑한다는 것은 대상을 돌보는 희생이 반드시 수반되어야 합니다. 마치 배고플 때 밥을 먹지 않거나 갈증이 났을 때 물을 마시지 않으면 해소가 되지 않는 것처럼, 상대를 사랑한다고 말하면서 정작 돌봄이라는 희생의 행동이 없다면 사랑은 완성되지 않습니다. 자신을 사랑한다고 할 때 온전한 몸 상태를 유지하기 위해 달리기, 트레이닝, 식단, 휴식이라는 시간과 에너지 그리고 돈을 희생하는 행동을 해야 합니다. 그런데 자신을 사랑한다고 말하면서 자신의 몸을 돌보지 않는 생활을 한다면, 결코 자신을 사랑한다고 할 수 없습니다.

사랑하는 대상을 더 넓혀 자녀, 배우자, 부모님이 온전해질 수 있도록 돌봄이라는 희생을 해야 사랑은 완성됩니다. 사랑하는 상대를 돌보기 위해서는 믿고, 잘 살펴보고, 대화와 질문을 통해 무엇이 필요한지 파악한 다음, 그 필요한 부분을 자신이 희생하면 됩니다. 자신의 희생이 당장은 억울하고 손해 보는 듯하지만, 인생의 타임 테이블을 길게 보면 자신의 인생에 있어 희생은 자신과 사랑하는 상대 모두가 삶이 온전해지는 가장 현명한 태도입니다. 하지만 희생에 관해 잘못 이해하면 돌봄이 아닌 엉뚱한 생각과 행동을 할 수도 있습니다. 크게 아래의 세 가지 오해로 정리할 수 있습니다.

① **오해 1** : 사랑의 태도 다섯 가지 요건 중 희생만 하는 것으로, 자신은 상대를 충분히 사랑한다고 오해합니다.

② **오해 2** : 상대와 거래를 하면서 희생이라 착각해 상대를 사랑한다고 오해합니다.

③ **오해 3** : 상대에게 묻지 않고 상대의 필요 이상으로 말과 행동을 하면서 희생한다고 착각합니다.

① 오해 1

우리는 흔히 희생을 하면 상대를 충분히 사랑한다고 생각합니다. 틀린 말은 아니지만, 사랑에 대해서 희생만 하는 것이 상대의 온전한 삶을 위한 필요충분조건이 되지는 않습니다. 예를 들어 바쁜 부모가 있습니다. 부모가 바쁘다는 이유로 자녀들을 잘 돌보지 않으면서, 자신들의 희생으로 자녀에게 그저 좋은 환경만을 만들어 주면서 충분히 사랑한다고 생각하는 경우가 있습니다. 하지만 정작 필요한 정서적인 안정감인 '믿고, 잘 살펴보며, 묻고, 지혜를 알려 주면서 끝까지 자녀를 기다려 주는 행동'이 수반되어야 자녀에게 결핍과 열등감이 생기지 않게 하는 사랑이 완성됩니다.

연인 또는 부부 사이에서도 희생은 곧 사랑이라는 생각 때문에 갈등이 많이 발생합니다. 부부 또는 연인 사이에서 어느 한쪽이 상대에게 자신을 좀 봐 달라고 하면서 갈등을 겪는 커플을 심심치 않게 볼 수 있습니다. 이때 상대방의 입장은 바쁘게 일만 하면서, 자신은 희생을 충분히 하고 있으니 충분히 사랑한다고 항변합니다. 사랑하는 사이에서 상대가 일만 하는 태도를 보여준다면 자신을 사랑한다고 받아들일까요? 그 관계는 오래 유지될 수 없을 것입니다. 이렇듯 사랑에 있어 희생만 하는 것은 사랑의 일부만 하는 행위로, 그 사랑의 관계는 완성될 수 없습니다.

② **오해 2**

사랑하는 관계에 있어 무의식에서 자신의 것을 주고 상대가 가진 것을 받으려는 거래를 원하면서 희생이라고 착각하여 갈등이 생기는 경우가 발생합니다. 사랑하는 상대에게 희생한다는 것은, 상대가 온전한 상태에 필요한 것을 그냥 주는 행위입니다. 여기에서 가장 중요한 부분은 '그냥'입니다. 어떠한 대가를 바라지 않는 마음을 가지는 것이 희생의 시작입니다. 그런데 많은 사람들은 사랑을 한다고 생각하면서 그냥 주는 것이 아닌 주면서 자신에게 응당한 대가를 바라는 마음, 즉 거래의 마음을 가집니다.

예를 들어 사랑하는 커플이 싸움을 할 때, 한쪽이 화를 내며 이런 말을 합니다. "내가 너에게 얼마나 잘해 줬는데 네가 나에게 어떻게 이럴 수 있어?" 이는 너를 사랑해서 많은 것을 해 주었건만 자신에게 되돌아오는 행동이 충분히 만족스럽지 않아 실망감이 들면서 화를 내는 것입니다. 사랑하는 상대에게 희생할 때 대가를 바라지 않고 그냥 준다면 이런 갈등은 생기지 않습니다. 자신이 사랑하는 상대가 온전해지길 바라며 희생을 한다면, 대가를 바라지 않고 온전해질 때까지 지속해서 희생해야 상대를 사랑한다고 말할 수 있습니다.

③ 오해 3

자신이 사랑한다는 이유로 상대에게 묻지도 않고 희생하는 경우가 있습니다. 이는 상대를 사랑하는 것이라기보다 희생이라는 행위를 통해 자신의 마음을 채우기 위한 행동으로, 결코 희생이라고 할 수 없습니다. 상대가 무엇이 필요한지 묻지 않고 일방적으로 희생하면서 자신은 상대를 사랑한다고 오해하는 경우입니다. 상대의 온전한 삶과 돌봄을 위해 자신의 돈, 에너지, 시간을 들여 행동하는 희생은 중요합니다. 하지만 희생을 해야 하는 때를 알고 적당한 거리에서 균형감을 가지고 행동해야 상대에게 도움이 됩니다.

대상을 사랑한다고 할 때 위에 희생에 대한 정확한 이해가 선행되고 행동을 해야 사랑한다고 할 수 있습니다.

5 | 기다린다

오래전부터 어른들에게 '결혼하고 아이를 가져야 어른이 된다'는 이야기를 많이 들었습니다. 이 말은 신기하게 결혼을 하고 아이를 키워 보니 그 말이 맞다는 것을 절실하게 알게 됩니다. 제가 30대 초에 큰 실패와 좌절을 극복하고 나서 나는 이제 어른이 되었다고 생각했지만, 결혼을 하고 아이를 키우고 보니 30대 초반의 저는 전혀 어른이 아니었습니다. 나이가 많다고 어른이 되는 것이 아닌 배우자, 아이와 함께 가족을 꾸려 가장이라는 새로운 자아가 형성되면서 비로소 정신적으로 많은 성장을 하게 됩니다. 특히 육아를 하면서 부모님의 입장에 대해 이해할 수 있게 되고, 제가 받은 사랑을 아이에게 대물림하면서 사랑에 대한 생각을 정리하고 행동하고 기다림으로써 진짜 어른이 되었다고 생각합니다.

현재 저는 배우자와 아이를 사랑하겠다는 선택을 했고 사랑의 태도 다섯 가지를 실천하면서 살아가고 있습니다. 믿고, 잘 살펴보고, 대화와 질문을 통해 상대가 모르는 것이 있으면 잘 알려 주고, 희생을 그럭저럭 힘들지 않게 실천하면서 가정생활을 하고 있습니다. 사랑의 태도 중 저를 매번 힘들게 하는 요소는 이번 주제인 '기다림'이었습니다. 사랑의 태도 다섯 가지 중 가장 단순한 내용이지만 매번 실천이 가장 어렵다고 느껴집니다. 그 이유는 기다림이 필요한 순간, 기다림의 시간이 끝나지 않을 것만 같은 생각과 함께 온갖 부정적인 무의식이 제 마음속으로 덮쳐 와서 기다림의 마음이 무너지는 경우가 생기기 때문입니다. 도대체 무엇을 기다리기에 어렵다고 하는지 살펴보도록 하겠습니다.

사랑을 하는 이유는 사랑하는 대상이 돌봄을 통해 온전한 상태가 될 수 있기 때문이라 설명드렸습니다. 이 과정에서 상대를 믿고, 잘 살피고, 대화와 질문을 하여 모르는 것이 있으면 잘 알려 주고, 희생을 합니다. 그리고 상대가 온전한 상태가 될 때까지 기다림을 가지면서 1~4번의 행동 루틴을 반복하는 것이 사랑하는 태도의 핵심 내용입니다. 여기서 문제는 상대가 언제쯤이나 온전해질 수 있는지 아무도 모른다는 것입니다. 부모가 아이를 키울 때 아이에게 하는 사랑의 태도를 성인이 될 때까지 해야 한다는 것은 머리로 이해를 하지만, 막상 매일 사랑의 태도로 행동하다 보면 마치 육아가 끝나지 않을 것만 같은 망상이 정신적으로 힘들게 합니다. 그리고 부모 자신의 잘못된 행동이 아이에게 안 좋은 영향

을 미치지는 않을까 하는 부정적인 마음이 덮쳐 불안함의 감정이 수시
로 발생하기도 합니다.

이런 불안한 마음들을 극복하면서 아이가 온전한 상태의 성인이 될 때
까지 기다리면서 사랑의 태도를 지속할 때, 비로소 아이는 높은 자존감
을 가진 채 어른이 되어 독립된 마음을 가지고 삶을 살아가게 됩니다. 만
약 사랑에 있어 기다리지 못한다면 사랑의 태도 루틴을 지속하지 못해
도중에 포기하게 되면서 상대가 온전한 상태까지 도달하기 어렵게 됩니
다. 사랑에 있어 기다림을 명확하게 의식하고 훈련해서 기다리는 마음
을 계속 가질 수 있도록 마인드피티 프로그램을 연습한다면 사랑을 완
성시킬 수 있을 것입니다.

여기서 잠깐, '온전한 상태'란?

'온전한'의 사전적 의미는 '훼손되지 않는 본래의 모습 그대로 보존된 상태'를 의미합니다. 마음이 온전한 상태는 편한 몸 상태가 아닌, 여러 가지 괴로운 마음이 없는 편안한 정신 상태를 말합니다. 우리는 인생을 살면서 돈, 건강, 인간관계에서의 여러 문제로 인해 스트레스를 받아 괴롭고 힘들어하면서 삶이 불행하다고 느낍니다. 온전한 상태는 돈, 건강, 인간관계가 일정 이상의 수준에 도달하고 삶의 균형을 가져서 더 이상 세 가지의 원인으로 괴로움이 발생하지 않는 상태를 의미합니다. 이들 문제점을 해결하기 위해서는 괴로운 원인을 덮어 놓고 아무것도 하지 않는 게으름에 몸을 맡긴 상태가 아닌, 각각의 당면한 문제들을 극복하고 성장해야 합니다.

＊

사랑의 태도를 가지고 사랑을 해야 하는 이유

몸의 건강을 위해 좋은 식단, 근력과 유산소 운동, 휴식을 균형 있게 유지해야 합니다. 식단, 운동, 휴식에 일정한 기준을 정해서 행동해야 건강에 효과가 나타납니다. 마음의 건강을 위한 사랑에서도 균형을 가지기 위해서 특정한 기준을 가지고 마음가짐과 행동을 해야 하는데, 이때 기준이 '사랑의 태도'입니다. 특히 사랑은 눈에 보이거나 들리지 않는 머릿속에서 개념으로 존재하는 것이기 때문에 생각하고 행동하는 데 어려움이 있습니다. 이때 기준을 정해 놓으면 사랑할 때 자신이 어떤 마음가짐과 행동을 보여야 하는지 명확해지고, 자신을 점검할 때 사랑의 태도에 기준을 가지고 마음가짐과 행동의 유무를 판단할 수 있습니다.

✳

사랑을 하기 힘든 이유

우리는 사랑에 대해 잘 알고 있는 것 같지만 막상 사랑이 무엇이냐고 물어보면 명확하게 답하기 어렵습니다. '느낌적인 느낌'같이 머리로는 이해하는데 막상 설명하거나 행동에 옮기려 하면 생각처럼 잘되지 않습니다. 그 이유는 두 가지인데, 하나는 사랑에 대한 정확한 정의가 확립되어 있지 않고 두 번째는 사랑이라는 행위가 무엇을 해야 하는 건지 잘 모르기 때문입니다. 흔히 사랑이라고 하면 연인, 부부, 가족 간의 좋은 감정을 떠올리는 것이 일반적입니다. 사랑이란 좋은 감정과 더불어 사랑하는 상대가 온전해지기 위해 자신의 적극적인 행동인 사랑의 태도 다섯 가지를 지속적으로 실천하여 돌봄을 하려는 마음입니다.

많은 사람이 좋은 감정만 가지고 있고, 그에 수반되는 적극적인 행동이 뒤따라 주지 않기 때문에 반쪽짜리 사랑이 될 수밖에 없습니다. 혹여 사랑에 대한 행동을 하더라도 조건 없이 행동을 해야 하는데, 상대방에게 인정을 받으려 하거나 물질적인 부분을 보상받으려고 하는 점이 온전하게 사랑을 하기 힘든 이유입니다. 조건 없이 사랑을 주는 행동을 하더라도 언제까지 상대를 돌보아야 하는지, 그 돌봄이 상대를 실질적으로 얼마나 어떻게 온전하게 만들어 주는지 의문이 들어 지속하지 못하는 경우가 발생합니다.

예를 들어 수능을 준비하는 학생이 있다면, 공부를 하는 이유가 '시험을 잘 치러 좋은 학교 입학을 통해 사회생활을 원만하게 하기 위함'일 것입니다. 하지만 많은 학생은 자신의 성인 이후 운명이 잘 그려지지 않아 공부에 대한 동기부여가 잘되지 않기 때문에 당장 어려운 공부를 하기 어려워합니다. 이처럼 사랑을 한다는 것도 좋은 감정을 나누는 것뿐만 아닌, 사랑의 태도를 지속해서 행동으로 이어져야 하는데, 느낌적인 느낌과 같이 동기부여가 잘 이루어지지 않으면 사랑을 하기 어렵습니다. 이를 극복하기 위해서는 사랑에 대한 정의가 정확하게 되어야 하고, 사랑의 태도를 훈련해서 마음의 언어로 습득이 되어야 합니다.

자신을 사랑하는 것은 온전한 삶의 출발점

　인간의 생존 전략은 관계의 확장을 통해 진화했습니다. 아이가 태어나면서 부모와 자식의 관계로 시작해서 학교, 사회, 결혼으로 관계는 확장되고 반복됩니다. 특히 부모와 자식 간의 관계에서 부모는 자녀에게 온전한 사랑을 통해 안정적인 뇌 발달 환경을 만들어 자녀가 잘 성장할 수 있도록 하여 인간의 생존과 번식 전략을 가집니다. 하지만 문제는 사랑이라는 마음은 언어의 특징을 가져서 부모로부터 배우고 익히지 않으면 사랑의 태도를 갖기가 어려워 성인이 되어서도 사랑하는 배우자와 자식에게 온전한 사랑을 줄 수 없게 됩니다. 가정에서 갈등이 많고 부모로부터 온전한 사랑을 받지 못한 채 어른이 되면 결핍과 열등감을 가지면서 낮은 자존감을 가지고 학교, 사회, 결혼의 관계에서 어려움이 생길 확률이 높아집니다.

　관계라는 것은 '주고받으며 상호작용을 하여 맺어짐'이라는 뜻을 가집니다. 주고받는 것이 물질적인 것이 되기도 하지만 정신적으로 주고받음을 뜻하기도 합니다. 만약 물건을 거래하는 관계에서 돈과 물건을 주고받을 때, 한쪽에서 물건을 건네받고 돈이 아닌 조개껍데기를 준다면 그 관계는 제대로 이어질 수 없을 것입니다. 가족 간의 관계에서는 사랑, 긍정, 감사, 공감, 위로 등을 주고받아야 온전한 관계가 형성되는데, 긍정적인 감정에 대해 마음을 배우고 익히지 못해 마음을 줄 수가 없다면 부정적인 마음을 주고받게 되어 가족 간의 관계는 엉망이 됩니다. 그러므로 부모는 자식에게 긍정적이고 온전한 사랑의 마음을 줄 수 있어야 합니다. 이때 온전한 사랑을 준다는 뜻은 사랑의 태도 다섯 가지를 사랑하는 대상에게 매일 실천하는 것을 의미합니다.

부모와 자식 간의 관계뿐만 아니라 연인, 부부, 자신의 일에 관해서도 사랑의 태도를 실천하게 되면 그 관계가 좋아지고 시간이 지나면 반드시 자신에게 좋은 영향으로 돌아오게 됩니다. 사랑하는 상대에게 온전한 사랑을 주기 위해서는 마음의 언어로서 사랑을 자신이 가져야 하는데, 보통은 부모로부터 보고 배울 수 있습니다. 운이 좋아 부모로부터 온전한 사랑을 충분히 받아 사랑이라는 마음의 언어가 자연스레 습득되어 자신을 사랑하고 타인을 사랑하면 좋겠지만, 불행한 삶을 경험하고 있는 많은 사람들은 제대로 된 사랑이라는 마음의 언어를 배우지 못한 환경에서 자라 와서 제대로 된 사랑을 익히지 않은 상태가 대부분일 것입니다. 만약 여러분이 외국어를 잘하고 싶다면 별도로 외국어를 배우고 익히듯이 마음의 언어인 사랑하는 법을 배우고 익혀 자신을 사랑할 수 있어야 자신의 근원적인 문제들을 해결하고 가족, 사회 등 좋은 관계를 형성하여 온전한 삶을 살아갈 수 있게 됩니다.

자신을 사랑한다는 것은 자신에게 사랑의 태도를 보이는 것입니다. 자신을 믿고, 잘 살펴보면서, 스스로에게 묻고 잘 모르면 공부를 해서 알아차리고 자신의 건강 및 자아실현을 위해 돈과 시간을 들여 희생합니다. 그리고 자신의 삶이 온전해질 때까지 사랑의 태도를 유지하면서 포기하지 않고 기다리는 것이 자신을 사랑하는 방법입니다. 사랑의 태도로 자신을 사랑하게 되면 높은 자존감의 자아가 형성되고 마음의 근육이 커져 단단한 마음을 가지게 되면서 마음의 언어인 사랑이라는 개념이 습득됩니다. 습득된다는 것은 무의식에 새겨진다는 뜻으로, 의식하지 않고 행동하더라도 자신과 상대에게 사랑의 태도가 자연스레 나오는 상태를 의미합니다. 제대로 된 사랑이 습득된 상태에서 사랑하는 상대방에게 온전한 사랑을 할 수 있게 됩니다.

만약 부모로부터 사랑을 받지 못한 채 자라면 마음이 텅 비어 있는 결핍이 생기고, 결핍이 지속되면 열등감과 부정적인 마음이 무의식에 자리 잡게 됩니다. 부정적인 마음이 무의식에 자리 잡은 사람은 성인이 되어 많은 갈등이 생기고 자신을 제대로 돌볼 수 없는 상태의 마음을 가집니다. 이렇게까지 마음이 진행되면 쉽게 괴로움을 느끼게 되어 삶이 고달파지게 됩니다.

사랑을 받지 못해 현재 마음에 결핍과 열등감 그리고 부정적인 마음이 가득하게 자리한다면, 지금부터 마인드피티에서 제안하는 스스로를 사랑하는 사랑의 태도를 훈련하고 익혀서 자신에게 제대로 된 사랑을 하여 결핍된 마음을 채워 온전한 삶을 살아가길 바랍니다.

생존, 번식, 자아실현의 명령

모든 인간의 궁극적인 숙제는 생존과 번식이라고 앞에서 설명드렸습니다. 다른 동물들과 다른 점은 인간은 지능을 높이는 쪽으로 진화하게 되었고, 언어와 개념이라는 가상의 생각의 출현은 집단의 복잡한 사회를 구성해서 생존과 번식을 안정적으로 수행하게 했습니다. 복잡한 사회 구성은 '쓸모 있는 인간'이라는 자아실현의 개념을 만들어 냈고, 이는 삶의 본질적인 요소가 되었습니다. 인간은 생존, 번식, 자아실현의 궁극적인 숙제를 풀어내도록 감각과 감정이라는 강력한 도파민 보상 시스템을 가지고 있습니다.

예를 들어 생존을 위해 배고픔이라는 감각이 발동했을 때 맛있는 밥을 먹게 되면 기분이 좋아지는 감각을 보상받게 됩니다. 만약 밥을 먹지 못하는 경우 우리의 뇌는 무언가를 먹어서 배고픔이 해소될 때까지 고통의 감각을 끊임없이 명령합니다. 만약 배고픔이 가중되면 신경이 예민해져 화가 나게 하여 배고픔을 해결하게 하도록 유도합니다. 이처럼 생존, 번식, 자아실현의 명령을 잘 수행하면 우리 뇌의 보상 체계에서는 좋은 감각을 느끼게 하는 호르몬을 방출하는 동시에 이를 개념화하여 언어로 표현하는데, 이를 우리는 '행복'이라고 부릅니다.

즉, 생존, 번식, 자아실현을 안정적인 상태로 유지하는 삶을 우리는 행복한 삶이라고 부릅니다. 편히 밥을 먹거나 여행을 가거나 사랑하는 사람과 같이 있을 때 사람들의 입에서는 행복하다는 말이 저절로 나옵니다. 행복하다는 말이 나오는 여러 가지 상황들을 들여다보면 결국 생존,

번식, 자아실현의 명령에 대한 숙제를 풀 때라는 것을 알 수 있습니다.

번식, 자아실현의 명령에 대한 숙제를 풀 때라는 것을 알 수 있습니다.

행복

행복은 주로 어떤 행위의 성취에서 얻어지는 즐거움, 쾌감으로 떠올립니다. 마인드피티에서의 행복은 조금 더 넓은 개념으로 사용합니다. 맛있는 밥을 한 끼 먹어서 행복을 느낀다고 할 수 있지만, 밥 한 끼가 인간의 생존에는 작은 부분일 뿐 전체 인생의 생존과 번식의 명령을 충족시키지 못합니다. 그렇기 때문에 밥 한 끼에서 경험하는 감정을 자세히 살펴보면, 휘발되는 즐거움은 있지만 충족감이라는 마음이 꽉 찬 기분까지는 느끼지 못하는 것입니다. 먹는 즐거움에 집착하면 비만이 될 확률이 높아지고 건강에 안 좋은 습관이 되어 건강을 잃게 되면서 인생 전체에서 행복하지 않을 수 있습니다.

다른 예로 생존, 번식, 자아실현을 온전히 이루기 위해서는 반드시 돈이 필요합니다. 그래서 우리는 돈을 벌면 기분이 좋아지고 행복한 감정을 경험합니다. 그런데 돈을 많이 벌면서 행복이 아닌 불행을 느끼는 사람도 있습니다. 돈으로 느끼는 즐거움도 잠시뿐, 돈은 많지만 건강 또는 인간관계 등이 엉망이 되거나 무너져서 늘 괴로워하는 사람을 많이 경험했을 것 같습니다. 이처럼 밥을 먹는 행위 또는 돈을 버는 행위가 우리에게 즐거움과 행복감을 주는 것이 확실한데 어떤 경우에는 그 반대로 불행의 씨앗이 되기도 합니다. 이러한 문제가 발생하는 이유는 생존, 번식, 자아실현에 관한 숙제를 잘못 이해하고 삶을 살아가기 때문에 괴로움이 생겨납니다. '행복 = 성취에서 오는 즐거움'이라는 작은 개념에서 벗어나 더 확장된 개념을 가지고 목표로 삼아야 아이러니한 상황에 빠지지 않습니다. '행복 = 잘 사는 것 = 온전한 삶'이라는 더 큰 개념으로 목표를 삼고 돈, 건강, 인간관계를 같이 성장시켜야 삶의 밸런스가 무너지지 않고 온전한 삶을 살아갈 수 있습니다.

행복이란 어떤 행위의 성취에서 오는 짧은 즐거움을 포함한 돈, 건강, 인간관계에 대한 괴로움과 걱정이 없는 상태를 유지하면서 느껴지는 충족감과 자아실현을 통해 얻는 충만감으로 정의할 수 있습니다. 쉽게 말해 사랑하는 사람과 함께 먹고살 만한 상태에서 자신의 재능을 가지고 남을 도우면서 큰 근심과 걱정 없이 사는 것을 행복한 삶이라 할 수 있습니다.

예를 들어 수능 시험에는 국어, 수학, 영어, 한국사, 탐구, 제2외국어의 과목이 있습니다. 수능 시험을 볼 때 어떤 한 과목만 집중해서 만점을 받으면 잠깐 즐거울 수 있습니다. 하지만 나머지 과목에서 낮은 점수를 받으면 원하는 대학에 합격하기 어려울 것이기에 즐거움도 잠시, 궁극적으로 원하는 대학 입학이라는 목표는 도달하지 못하게 됩니다. 결국 전체 시험을 놓고 보면 성공적으로 시험을 준비했다고 할 수 없습니다. 이처럼 행복의 개념도 돈, 건강, 인간관계, 자아실현의 어느 한 요소도 빠지지 않고 일정 수준 이상에 도달해야 삶의 만족도가 높아지는 충족감과 충만감을 얻을 수 있고 행복한 삶이라 할 수 있습니다.

여기에서 오해할 수 있는 부분은 높은 결괏값이 갖춰져야 행복한 삶이라고 말하는 것이 아닌, 일정 수준 이상의 균형 있는 성장이라는 점입니다. 그럼 행복의 요소인 돈, 건강, 인간관계, 자아실현의 수준은 얼마나 성장시켜야 행복하다고 할 수 있을까요? 행복의 기준은 개인마다 다르기 때문에 정확한 수치로 나타낼 수는 없지만, 제 기준을 잡는다면 돈,

건강, 인간관계로부터 자신이 괴롭지 않을 정도의 수준이 되면 온전하다고 할 수 있습니다. 평생 돈만 벌어도 부자가 되기 힘든 현실 상황에서 건강을 챙기고 인간관계를 온전하게 유지하며 자아실현까지 하라는 것은 언뜻 생각하기에는 불가능할 것 같습니다. 하지만 마음 운동을 통해 자신을 적극적으로 돌보며 사랑할 줄 알면 자존감이 높아져 좋은 태도를 갖는 자아를 형성하여 적절한 기대치를 갖게 되어 행복한 삶에 도달할 수 있습니다. 높은 자존감은 자신을 포함, 주변 사람에게 긍정적인 에너지를 발산하면서 성장할 수 있습니다. 자신을 포함한 주변 사람이 성장하다 보면 어느새 본인이 참 잘 살고 있다는 느낌을 받게 됩니다.

위의 내용을 요약하자면 행복한 삶은 '사랑의 태도 → 자신을 사랑 → 높은 자존감, 현명한 자아 형성 → 마음의 긍정적인 에너지 형성 → 돈, 건강, 인간관계, 자아실현의 성장 → 온전하고 행복한 삶으로 빌드업' 해 가면 됩니다. 스스로에게 사랑에 대한 정의를 명확하게 내리고 빌드업을 하면 어느 순간 걱정과 괴로움이 확연하게 줄어드는 구간이 오는데, 그때부터 기존에 경험했던 즐거움과 쾌감에 의한 행복과는 다른 온전하고 충만한 행복감을 경험하게 될 것입니다.

자아 형성의 미숙으로 인한 선택의 부재

'자아'라는 단어를 살펴보면 '스스로 자(自)', '나 아(我)'가 합쳐진 단어로, 나 자신이라는 뜻으로 풀이됩니다. 저는 자아를 '스스로 선택하는 나'라고 해석합니다. 인생을 살아가면서 여러 경험과 자신의 성향에 의해 인생에 어떤 방향성과 목표가 생기고, 목표를 이루기 위해 많은 생각과 행동을 선택합니다. 예를 들어 전문직 종사자가 되어 삶을 살아가겠다고 목표와 방향을 잡으면, 이를 위해 공부를 선택하고 행동하게 됩니다. 목표를 위해 공부를 선택하여 노력하다 보면 원하는 목표에 도달할 수도 있고, 여러 이유로 인해 중간에 공부를 멈추어 목표를 성취하지 못할 수도 있습니다. 이때 목표가 바뀌어 중간에 포기하는 경우도 있지만, 취미, 유흥, 게으름 등 결핍과 열등감을 쾌감으로 채우려다 보니 공부를 포기하는 경우도 많습니다.

다른 예로 건강과 미용의 목적인 다이어트도 비슷합니다. 건강과 미용을 위해 식단과 운동을 하겠다는 목표와 방향성을 세우고 운동과 식단 프로그램을 선택하여 시작합니다. 하지만 며칠을 못 가서 운동과 식단을 선택한 자신의 의지는 온데간데없고 여러 가지 자기 합리화를 하면서 먹는 쾌감에 집중하고 게으름에 몸을 맡기면서 결심한 건강과 미용의 계획들은 아득하게 멀어집니다. 도대체 우리는 왜 좋은 목표와 방향성을 두고 그 선택과 행동을 하지 못해서 인생이 엉뚱한 방향으로 흘러가는 것일까요? 그 이유는 자아가 온전하게 형성되지 못했기 때문입니다.

인간은 갓 태어나면 '아(我)'만 가지고 태어나는데, '아'의 상태란 본능이 가득한 상태로 해석할 수 있습니다. 유아기를 지나면서 부모로부터 행동과 언어로 다양한 정보를 배우게 되면서 '아'만 가진 상태에서 서서히 의지를 선택할 수 있는 의식인 '자(自)'를 가진 마음으로 성장하면서 '자아(自我)'가 형성됩니다. 아집은 자신의 감각을 가장 우선으로 생각하는 상태를 의미하는데, 고집이 아주 센 사람을 보고 아집이 강하다고 표현을 하기도 합니다. 만약 성장기에 결핍, 열등감, 낮은 자존감이 형성되면 '자'가 제대로 갖춰지지 않아 성인이 되어서 끊임없이 생기는 '아'에 압도되어 자신이 원하는 목표와 방향을 선택할 수 없는 상태가 되어 버립니다.

'아'에 압도되는 상태는 하루에도 여러 번 발생합니다. 미용과 건강을 생각해 식단과 운동을 선택해서 행동해야 하지만 그러지 못한 경우, 돈을 많이 벌기 위해 사업 구상, 마케팅, 구체적인 행동을 선택해야 하지만 그러하지 못한 경우, 자녀와 배우자를 온전한 상태로 돌보기 위해 사랑의 태도를 선택하려 하지만 화, 짜증을 내면서 자신의 감정에 이끌려 행동하는 등 다양한 사례에서 엿볼 수 있습니다.

만약 여러분이 행복한 삶을 살아가겠다고 결심하고 다짐을 한다면 앞으로 다양한 선택의 기로에 서게 될 것입니다. 화나고 짜증 나는 감정을 뒤로하고 사랑의 태도로 행동해야 하고, 게으름을 뒤로하고 일하고 운동해야 할 것입니다. 먹으면 도파민이 폭발하는 음식을 뒤로하고 텁텁하고 맛없는 음식들을 선택해서 먹어야 할 것입니다. 어찌 보면 고통스러운 선택을 매일 매 순간 해야 하며, 다음 날에 '아'는 리셋이 되어 자신을 또 괴롭힐 것입니다. 이렇게 힘든 선택을 수없이 많이 해야 하는데, 이때 단단하고 씩씩한 '자아'가 준비되어야 어려움을 극복하고 현명한 선택을 할 수 있습니다.

앞에서도 말했듯 '자아'가 잘 형성되기 위해서는 어릴 때 높은 자존감이 형성되는 환경에서 노출되어야 합니다. 만약 여러분이 현재 '자아'가 제대로 형성되지 않은 상태라면 지금부터라도 마음 운동을 통해 자신을 제대로 사랑해서 자존감을 회복하여 단단하고 씩씩한 '자아'를 가지시길 바랍니다.

자존감

자존감이란 자아존중감의 줄임말로서 자신을 신뢰하고 존중하며 귀하게 여기는 마음을 뜻합니다. 신뢰와 존중 그리고 귀하게 여기는 마음은 정신의 에너지를 가집니다. 예를 들어 사람은 살아가면서 누구나 한 명쯤 롤 모델이 있을 것입니다. 만약 자신이 롤 모델과 함께 어떤 프로젝트를 같이 한다고 상상해 보시기 바랍니다. 이런 상황이라면 여러분의 가슴에 벅찬 감정과 함께 평소와는 다르게 정성을 들여 있는 힘껏 일을 할 것입니다. 그가 나에게 해 준 것이 아무것도 없는데 왜 여러분은 그에게 그렇게 정성껏 대할까요? 이는 롤 모델을 신뢰하고 존중하며 귀하게 생각하게 하는 사랑의 마음이 있기 때문입니다. 롤 모델을 향한 존중감은 측정되지 않는 어떤 에너지가 마음에서 생기는 현상을 발견할 수 있습니다.

이런 특징을 가진 존중감을 자신 스스로에게 향하는 것을 자아존중감 또는 자존감이라 합니다. 자신을 향한 신뢰, 존중, 귀하게 여김의 자아존중감의 에너지는 마음을 단단하게 만들고, 이는 곧 자아 형성에 있어 가장 중요한 요소입니다. 제대로 된 자아가 형성되면 앞에서 언급했듯이 삶에 있어 어려운 상황에서 현명한 선택을 하고 행동할 수 있게 하는 원천입니다.

자존감이 낮은 사람의 특징은 자신을 믿지 못하고 어떤 선택에 있어 다른 사람에게 미루게 되며, 실패에 대한 두려움이 강해 어떤 선택을 하지 못하는 일이 생기기도 합니다. 자신에 대한 존중과 귀하게 여김이 형성되지 않아 자신을 돌보지 않아 돈, 건강, 인간관계가 망가지는 경우도 생깁니다. 낮은 자존감은 선택을 잘하지 못하기 때문에 돈을 버는 일에 있어서도 망설임이 많고 어리석은 선택을 해 낭패를 보기도 하며, 건강에 좋지 않은 중독되는 행위에 쉽게 노출되어 건강을 망치게 됩니다. 다른 사람을 신뢰하지 못하거나 의지하는 일이 쉽게 발생하여 인간관계에서도 많은 문제가 발생합니다. 낮은 자존감을 가지면 자아가 미숙하여 이성적으로는 해야 할 일도 선택하지 못하고 무의식의 명령인 '아'의 마음에 압도되어 삶은 엉뚱한 방향으로 흘러갑니다. 낮은 자존감으로 인해 생기는 여러 어려움을 극복하는 유일한 방법은 자존감을 회복하는 것입니다.

자존감은 밝고 긍정적인 마음의 원천이 되며, 단단하고 씩씩한 자아를 갖기 위해 반드시 필요한 마음입니다. 높은 자존감 형성은 부모가 아이에게 얼마나 지극정성으로 사랑하는 마음과 태도를 가졌는가에 따라 달라집니다. 혹여 부모에게 사랑을 받지 못해 자존감이 낮은 상태라 하더라도 자신을 사랑하는 훈련인 마음 운동을 지속하면 무조건 자존감은 회복되고 성장합니다.

사랑의 마음과 사랑의 태도 구분

대부분의 부모는 자녀를 무척 사랑합니다. 다만 자녀에 대한 사랑의 마음이 큰 것과 사랑의 마음을 자녀에게 행동으로 실천하는 것은 조금 다른 이야기입니다. 사랑의 마음은 인간의 번식을 위한 DNA의 명령을 통해 나타나는 마음으로 배움이 없어도 누구든지 사랑의 감정을 가질 수 있지만, 사랑의 마음을 행동하는 것은 언어를 배우듯 누군가에게 배워야 할 수 있습니다. 예를 들어 부모가 자녀에게 사랑하는 마음이 많이 있더라도 막상 아이와 함께 있는 동안 화를 내어 아이의 마음을 아프게 한다면, 그것은 사랑이라고 할 수 없습니다. 자식이 잘못을 했으면 적당한 훈육을 해야 하지만 많은 부모들은 훈육의 수준을 넘어 본인들의 격한 감정을 아이에게 표현하는 경우가 있습니다.

부모가 사랑의 태도를 가지고 자녀를 제대로 사랑할 수 있으면 아이가 실수하거나 잘못을 저질렀을 때 높은 언성이 아닌, 올바름에 대해 이해시키고 타일러서 아이 스스로가 상황을 인지할 수 있도록 편안한 언어로 도움을 줄 것입니다. 훈육을 해도 아이는 몇 번이고 같은 실수를 반복하게 되는데, 그 횟수가 몇 번이건 부모는 똑같은 태도로 아이를 교육시키고 실수가 반복되지 않을 때까지 믿고 기다리면 아이가 끝내 같은 실수를 하지 않고 스스로 온전해질 것입니다. 이렇게 부정적인 감정을 뒤로 하고 아이에게 사랑의 태도를 보이는 것이 사랑한다고 할 수 있습니다.

공자의 제자 자로가 공자에게 "안다는 것은 무엇입니까?"라고 질문하자 공자는 "아는 것을 안다고 하고, 모르는 것을 모른다고 하는 것이 아는 것이다.”라고 대답합니다. 많은 사람이 사랑을 안다고 생각하겠지만 사랑의 마음과 사랑의 태도를 구분하지 못한다면 사랑을 안다고 할 수 없습니다. 만약 여러분이 사랑의 마음은 있지만 사랑의 태도를 몰라 제대로 된 사랑을 할 수 없는 상황이라면 다음 장인 「4장. 마음 운동 방법 – 마인드피티 프로그램」 훈련을 통해 명확하게 사랑을 깨닫고 사랑의 태도를 실천하면 진정으로 자신을 사랑하고 사랑하는 대상을 사랑할 수 있게 되면서 자아는 각성할 것입니다.

마음의 성장이 중요한 이유

평소 제 마음의 스승님 중 한 분인 김태유 서울대 교수님이 계십니다. 올해 교수님께서 유튜브 채널 '언더스탠딩'에 출연하시어 오랜 연구를 바탕으로 '대한민국의 발전을 위한 진단과 방향성'을 강의하신 영상이 있는데, 몰아보기를 하면 24시간 정도 걸리는 방대한 분량이지만 꼭 한 번 시청해 보시길 강력하게 추천드립니다.

교수님 강의의 핵심은 명확합니다. 국가가 안정적으로 발전하기 위해서는 첨단기술을 지속적으로 발전시켜 성장해야 한다는 것입니다. 대한민국은 어려운 환경 속에서도 정부 주도의 기술 발전 정책과 지도자 및 국민의 성실한 노력이 결합되어 눈부신 성장을 이루었습니다. 저는 교수님의 강의에서 유독 '성장'이라는 단어가 깊이 와닿았습니다.

생각해 보면 우리의 몸도 성장기에는 별다른 문제 없이 건강하게 살아가다가, 성장이 멈춘 40대에 들어서면 몸 곳곳에서 신호를 보내기 시작합니다. 노년까지 건강하게 살아가려면 운동을 통해 근육과 심폐 기능을 지속적으로 성장시키고 유지해야 대부분의 건강 문제를 예방할 수 있습니다.

마음도 이와 다르지 않습니다. 성장기까지는 회복탄력성이 높아 외부 자극에도 잘 견디다가, 10세를 넘어서면서 마음의 성장이 멈추게 됩니다. 그러면서 외부의 자극에 쉽게 상처받고, 마음이 부정적으로 변하거나 약해지면서 여러 문제가 생겨납니다.

국가가 어려움에 처했을 때 정치적 현명함과 경제 성장으로 답을 찾고, 우리의 몸이 근육의 성장으로 건강을 유지하듯, 마음도 높은 자존감과 현명함을 통해 마음의 근육을 성장시켜야 합니다. 단단하고 씩씩한 마음을 가질 때 비로소 삶의 여러 어려움을 극복하고 대응하면서 온전하게 살아갈 수 있습니다.

경제는 정부가 의도적으로 계획하고 주도해야 성장하고, 몸도 명확한 목적을 가지고 의도적으로 달리기와 근력 운동을 해야 건강을 유지합니다. 마음 역시 마찬가지입니다. 그냥 내버려 두어서는 절대 성장하지 않습니다. 온전한 마음이라는 명확한 목적을 가지고 의도적으로 마음 운동을 해야만 성장할 수 있습니다.

다음에 소개되는 마음 운동, '마인드피티'를 꾸준히 훈련하여 여러분도 단단하고 씩씩한 마음을 키워 가시길 진심으로 기원합니다.

4장

마음 운동 방법

- 마인드피티 프로그램 -

마인드피티 프로그램

[스텝 1] 자신의 마음 알아차리기 – 자신의 마음 이해

[스텝 2] 사랑의 태도 익히기 – 자존감 회복, 성장

[스텝 3] 달리기 – 자신을 사랑하는 가장 직관적인 방법

[스텝 4] 깨달음 – 긍정과 감사 마음의 언어 익히기

[스텝 5] 삶의 목적과 목표 – 만다라트

[스텝 6] 매일 아침 마인드피티 루틴

우리는 인생을 살면서 다양한 문제들을 마주합니다. 자신에게 직면한 문제들은 외부에서 생기는 문제와 자신 내부에서 생겨나는 문제가 한쪽에서 생기거나, 두 요소가 부딪쳐서 발현되는 경우가 있습니다. 많은 경우 어떤 문제를 자신의 내부에서 찾지 않고 외부에서만 문제를 찾다 보니 엉뚱한 곳에서 문제의 원인을 찾는 경우가 생깁니다.

예를 들어 어떤 사람이 다른 사람을 탓하고 사회를 탓하면서 화를 내고 괴로워하는 모습을 옆에서 지켜볼 때, 우리는 그 사람의 마음가짐과 태도에 문제가 있어 괴로움이 발생하는 것임을 알아챕니다. 그가 남을 탓하고 사회를 탓하는 것을 보면서 의아하게 느낍니다. 하지만 막상 자신에게 어떤 문제가 발생하면 대부분 외부에서 원인을 찾아 원망하는 경우가 많습니다. 이런 현상은 자신이 어리석어서 발생하는 것이 아닙니다. 사람은 원래 이렇게 사고하도록 만들어졌기 때문입니다.

만약 현명함을 가진다면 외부에서 생겨나는 문제와 자신의 문제가 충돌할 때 외부에서 원인을 찾고 문제를 해결하기보다 우선 자신에게서

원인을 찾고 해결할 수 있는 것부터 풀어 가게 됩니다. 그러다 보면 외부에서 발생한 문제까지 자연스럽게 해결되는 것을 경험하게 됩니다.

구체적인 예를 살펴보겠습니다. 부모와 자녀 사이에 첨예한 갈등이 생겨 문제를 해결하려 할 때를 생각해 봅시다. 부모는 자녀를 대하는 자신의 언행은 돌아보지 않고 부모의 마음에 들지 않는다고 자녀를 질책하고, 부모의 엄격한 기준에 맞추어 자녀에게 문제가 있다고 말하며 고치려 합니다. 부모는 자녀와의 갈등 문제를 해결하기 위해 자녀에게 직접적인 폭력은 아니지만 그에 준하는 강제성으로 자녀의 마음을 누르는 방법을 사용하는 경우가 많습니다. 이 경우 당장은 문제가 해결되는 듯하지만 시간이 지나면 더 큰 문제가 발생합니다.

많은 부모가 자녀와 갈등을 겪을 때 공통적으로 "아이가 내 마음 같지 않다."라고 하면서 힘들어합니다. 배를 아파 힘들게 낳아서 금이야 옥이야 하면서 키운 자녀조차도 나의 마음과 같지 않은 것처럼, 자신의 외부 문제를 해결하기란 결코 쉽지 않습니다. 갈등 상황에서 가장 확실하고 빠른 문제 해결 방법은 우선 자신이 가진 문제를 발견하려는 문제의식을 갖고 방법을 찾아 해결하는 것입니다.

부모와 자녀의 갈등 상황에서 자녀의 태도를 고치려 하기보다 부모 자신이 자녀를 믿지 못하는 마음, 제대로 사랑하지 않는 마음, 자신의 결핍을 자녀를 통해 해결하려는 마음 등이 문제가 된다는 것을 알아차려야 합니다. 그리고 매일 자녀를 믿고 사랑하는 행동인 사랑의 태도를 실천하면 자녀와의 문제가 자연스럽게 해결되는 경우가 많습니다. 부모와 자녀의 갈등뿐 아니라 다른 여러 문제도 마찬가지입니다. 이처럼 외부의 문제를 해결하려는 시도를 하기보다 자신의 문제를 발견하고 정의를 내린 다음 방법을 찾아 행동하면 절대 해결되지 않을 것만 같던 문제들이 자연스럽게 해결되는 것을 경험하게 될 것입니다.

자신의 내부에서 발생하는 여러 문제를 해결하기 위해서는 자신을 정확하게 알기(메타인지), 높은 자존감, 긍정적이고 씩씩한 마음, 현명함을 가진 자아, 중용(밸런스)을 가져야 합니다. 이러한 마음들은 「4장. 마음 운동 방법 – 마인드피티 프로그램」을 통해 마음의 언어 형태로 습득할 수 있습니다. 이번 장부터는 본격적으로 마음 운동을 배우고 훈련해서 여러분의 마음을 성장시키는 방법을 배워 보도록 하겠습니다.

글쓰기, 기록

여섯 가지 연습 방법을 소개하기 앞서 이들의 공통된 연습법인 '글쓰기, 기록'을 설명하고 각 항목의 내용에 들어가겠습니다.

언뜻 마음에 관한 것을 연습한다고 떠올리면 명상, 고민, 생각, 사고와 같은 관념들을 머릿속으로 자주 생각하는 연습을 할 것만 같습니다. 하지만 앞에서 설명한 마음 플랫폼에서 자신이 본래 가지고 있는 본성을 제외한 이성의 영역과 무의식은 마음의 언어를 기반으로 형성된 마음이기 때문에 생각하는 것만으로는 우리가 원하는 마음의 태도를 습득하기가 어렵습니다.

외국어를 배울 때 반복적으로 읽기, 듣기, 말하기, 글쓰기, 기록하기 등의 방법을 사용합니다. 마음의 언어도 외국어와 마찬가지로 학습할 때 마음 읽기, 명상, 생각, 글쓰기, 기록을 통해 훈련하는 것을 강력하게 추천합니다. 기록은 어떤 곳에 하든 상관없습니다. 개인 일기장, SNS, 메모장, 마인드피티 네이버 카페 등 자신이 쉽게 손이 가는 곳에 기록하면 됩니다.

기록의 주기는 매일 하면 좋겠지만 힘들면 주당 최소 2에서 3회 자신의 마음에 관한 기록을 해야 마음의 언어를 습득하고 마음이 성장할 수 있다는 점을 반드시 기억하시고 마인드피티 프로그램 여섯 가지를 연습하시기 바랍니다. 처음 기록을 시작할 때 무엇을 기록해야 할지 막막하겠지만 자신의 상황과 기억을 단어들만 나열하는 정도로 시작해도 충분합니다. 자신의 마음에 대한 글쓰기가 점차 쌓이면 문장이 완성되고 맥락이 형성되어 여러분의 마음을 충분히 담아낼 수 있게 될 것입니다.

*

[스텝 1]
자신의 마음 알아차리기
– 자신의 마음 이해

마음의 성장을 위한 첫 단계는 '자신의 마음을 알아차리기' 또는 '메타인지 능력'을 갖기 위한 연습부터 시작합니다. 그 이유는 자신에 대한 이해와 마음의 언어에 대한 개념과 의식을 갖기 위함입니다. 언어를 사용할 때, 의식을 거치지 않고 입에서 나오는 말은 아무런 맥락을 갖지 못하고, 개념이 없으면 맥락이 형성되지 않아 자신의 생각을 상대에게 전달할 수 없기 때문에 언어로서 기능하지 못합니다. 의식 없는 언어는 소리나 몸짓 이상의 의미를 갖지 못합니다.

마음의 언어인 사랑, 행복, 긍정, 감사 등에도 정확한 개념과 의식을 가진 상태에서 생각하고 행동을 해야 자신의 마음에서 맥락과 의미가 생깁니다. 마음의 언어인 '사랑'을 예로 들어 보겠습니다. 사랑하는 상대가 생겼을 때 무의식에서 생기는 좋아하는 마음만을 가지면 대상을 사랑한다고 할 수 없습니다. 사랑하는 대상을 보고 생겨나는 좋아하는 감정의 무의식과 함께 사랑의 개념과 돌봄이라는 의식을 갖고 사랑의 태도를 행동해야 대상을 사랑한다고 말할 수 있습니다.

사랑하는 대상을 사랑한다는 것은 믿고, 잘 살펴보고, 질문과 대화하고, 희생하고, 기다리는 것으로 무의식의 상태에서는 절대 불가능한 행동입니다. 의식이 깨어 있는 상태가 되어야 사랑하는 대상을 돌보는 목적을 가지고 사랑의 태도를 행동할 수 있습니다. 대상을 사랑하기 위한 마음의 언어인 사랑의 태도를 행동하기 위해서는 항상 자신의 마음을 알아차리는 상태, 깨어 있는 상태가 될 수 있도록 훈련해야 합니다.

의식에 관해 더 자세히 설명하겠습니다. 지금 눈을 감고 가상의 점을 만들어 자신의 발끝으로 점을 이동하여 집중해 보시기 바랍니다. 그러면 가상의 점이 발끝으로 이동하는 감각을 느낄 수 있고, 감각이 집중되는 지점을 손끝, 명치, 뒷목 등으로 집중시켜 이동할 수 있습니다. 이렇게 신경을 집중하여 모이는 지점을 의식이라고 할 수 있습니다.

평소에 의식을 자신의 몸 곳곳에 집중하지 않기 때문에 섬세하게 느끼지 않지만, 날카로운 것에 찔려 상처가 나면 그곳에 의식이 집중되면서 통증이 심해집니다. 이때 통증이 심해지다가 다른 일에 의식을 빼앗기는 일이 생기면 통증은 잠깐 잊히게 되는데, 이는 의식이 이동하기 때문에 발생합니다. 의식은 몸에서 느껴지는 감각뿐만 아니라 생각, 개념, 마음, 느낌 등에도 적용이 됩니다.

의식이 이동하는 성질을 활용하면 의식을 자신의 마음에 집중해서 자신을 이해할 수 있기도 하고, 괴로운 감정의 상태에서 의식을 이동시켜 괴로움을 벗어날 수 있게 되어 빠르게 안정을 찾을 수 있기도 합니다. 또한 의식을 자신의 미래에 이동시켜 인생의 방향성을 구체적으로 설정하여 현명한 행동을 유도할 수 있습니다.

의식은 자신의 내면에서만 이동할 수 있는 것이 아니라 다른 사람, 물건, 현상, 사건 등 모든 것에 이동할 수 있습니다. 특히 다른 사람에게 의식을 집중하면 상대의 마음을 알 수도 있습니다. 상대의 마음에 의식을 이동하는 것을 두고 '공감'이라 하며, 유교에서는 인간 사회의 궁극적인 선을 '인'이라는 개념, 즉 '공감, 도덕, 성실'로 규정할 정도로 중요하게 여깁니다.

하지만 의식을 갖고 이동하는 행위는 명확하고 구체적이지 않기에 쉽게 되지 않습니다. 우리는 '자신의 마음을 알아차리기' 훈련을 통해 의식을 갖고 이동하는 것을 쉽게 할 수 있게 될 것입니다.

1 | 자신을 알아차리는 훈련을 해야 하는 세 가지 이유

① 감정 조절

인간이 온전한 삶을 살기 위해서는 돈, 건강, 인간관계가 좋은 상태로 성장하고 균형 있게 유지되어야 합니다. 이 세 가지 요소가 좋은 상태로 성장하기 위해서는 반드시 평소 감정 조절이 우선되어야 합니다. 돈을 벌고 건강을 유지하기 위해서는 게으름이라는 마음을 조절해야 하고, 인간관계에 있어서는 화, 짜증, 무시, 하대 등 부정적인 감정을 상대에게 표현하지 않아야 좋은 관계를 유지할 수 있습니다.

하지만 많은 사람들은 게으름에 압도당하고 부정적인 감정과 불안함에 빠져 돈 버는 것, 건강을 위한 행동을 시도조차 하지 못하는 경우가 많습니다. 인간관계에서도 자신의 마음과 상대의 태도가 다른 경우 부정적인 태도를 쉽게 행동하여 관계가 엉망이 되는 일이 생기기 때문에 자신이 성장하기 위해서는 자신의 감정 조절이 우선되어야 합니다.

그렇다고 부정적인 여러 감정을 멀리하거나 참으라고 하는 것이 아닙니다. '응? 참거나 멀리하지 않으면 어떡하라는 것이지?'라는 생각이 문득 드실 것입니다. 한두 번 감정을 참을 수는 있지만 감정을 참는 것은 정신적 에너지 소모가 심합니다. 때문에 평소에는 잘되다가 컨디션이 좋지 않을 때 폭발하여 마음이 무너지는 경험을 하게 되고, 이런 상황이 지속되면 자신을 원망하면서 성장에 필요한 것들을 제대로 수행할 수 없게 됩니다.

부정적인 감정에 대한 현명한 대응은 참지 않고 해소하여 소멸시키는 방법을 사용해야 합니다. 예를 들어 하나의 사건이 발생했을 때 어떤 사람은 감정을 주체하지 못해 자신과 주변 사람을 파괴하는가 하면, 또 어떤 사람은 감정 조절 능력이 뛰어나 상황을 현명하게 대처하기도 합니다. 이때 감정 조절이 힘든 사람은 자신의 부정적인 감정과 감각에 의식이 집중되어 주변을 살펴보지 못해 관계를 망치게 되고, 감정 조절을 잘하는 사람들의 공통점은 메타인지 능력인 자신의 마음을 알아차리기를 통해 부정적인 감정과 감각에서 벗어나서 빠르게 감정과 감각을 해소하고 소멸시켜 이성적인 판단을 할 수 있는 상태를 만듭니다.

구체적인 예를 살펴보겠습니다. 아이를 키우는 부모 중 아이의 말과 행동 때문에 아이에게 쉽게 화를 내어 관계가 엉망이 되는 가정이 있습니다. 이 경우 아이가 크면서 자신의 주장이 강해지게 되면 부모의 언성이 높아질 수밖에 없어, 아이와 부모 모두에게 더 큰 상처가 되는 악순환이 생겨납니다. 이런 현상은 여러 이유가 있지만 부모의 부정적인 마음을 쉽게 표현하는 감정 조절이 잘되지 않아 발생하는 경우가 많습니다.

감정 조절 능력을 키우기 위해서는 화가 발생하는 그 순간 아이의 말과 행동에 의식을 두는 것이 아닌 자신의 마음으로 의식을 이동시키는 연습을 합니다. 부정적 감정을 알아차리는 것만으로도 욱해서 말하려던 화를 멈출 수 있게 됩니다. 흥분했던 감정이 조금 줄어들면 그때 차분하게 아이의 행동에 대해 잘못된 점을 이해시키고 설득시킨다면 아이는 충분히 잘 알아듣고 교정할 것입니다.

다른 예를 들어보겠습니다. 다이어트를 위해 운동하기로 결심한 사람이 있습니다. 굳은 마음을 먹고 운동을 시작해 보지만 역시나 작심삼일만에 운동을 멈추게 됩니다. 이는 게으름의 마음이 작용할 때 뇌에서 여러 가지 자기 합리화가 게으름의 마음을 가중시키면서, 자신은 합리적으로 운동을 안 하는 것이라는 착각을 일으켜 행동을 못 하도록 합니다. 우리의 몸은 최대 효율을 추구하는 시스템을 가지고 있어 생존에 필요한 활동을 제외한 활동은 게으름의 작용을 통해 억제하게 됩니다.

과거 수명이 짧았을 때는 특별히 운동을 하지 않아도 노년이 짧기에 문제가 되지 않았지만, 현대 사회는 수명이 길어지면서 노년의 안정적인 생활을 위해서는 반드시 심폐 지구력 운동과 근력 운동을 통해 건강을 따로 준비해야 합니다. '마음 알아차리기를 통한 게으름 극복'이란, 뇌에서 자기 합리화와 게으름의 마음 작용이 나타날 때 마음 알아차리기를 하게 되면 게으름의 마음 작용이 작아지게 되는데, 이때를 놓치지 않고 마음을 컨트롤해서 게으름을 극복하면서 운동을 할 수 있게 되는 원리입니다.

이 글을 읽는 여러분도 오늘 출렁이는 감정이 생겨날 때 자신의 마음을 들여다보시기 바랍니다. 그러면 정말 신기하게도 출렁이던 감정이 줄어드는 경험을 하면서 이성이 개입되는 현상을 느낄 수 있을 것입니다. 이처럼 마음을 알아차리는 것만으로도 게으름이나 부정적인 마음을 작게 만들 수 있고, 감정들에 대해 대응을 해서 좋은 방향의 말과 행동을 할 수 있습니다.

마음을 알아차리는 것만으로도 생겨났던 마음이 작아지는 원리는 '메타인지'라는 현상 때문입니다. 메타인지란 자신을 제삼자의 시선에서 바라보는 것을 말합니다. 우리가 다른 사람의 감정을 읽을 때는 물리적, 정신적으로 아주 가까이에서 지켜봐야 공감할 수 있습니다. 만약 가까이하지 않고 멀어지면 다른 사람의 감정을 읽기란 쉽지 않습니다. 자신의 마음 – 가족의 마음 – 친구의 마음 – 지인의 마음 – 모르는 사람 순으로 물리적, 정신적 거리가 멀어질수록 대상을 대하는 감정은 작아집니다.

이러한 원리를 이용하여 자신의 마음을 알아차리는 메타인지는 자신으로부터 감정과 감각을 의식적으로 멀리하는 시도를 통하여 자신의 감정이 타인의 감정과 감각처럼 느껴지면서 크기를 줄게 합니다. 감정과 감각의 크기가 작아지면 이성이 개입하여 상황을 판단하며 현명한 말과 행동으로 이어질 수 있습니다.

일상에서 게으름, 화, 짜증, 불안 등 여러 부정적인 감정은 언제든지 자신을 덮쳐 온통 마음을 뒤흔들어 놓고 정신을 못 차리게 하여 원래 하려던 말과 행동을 하지 못하는 경우가 많습니다. 이를 마음 알아차리기를 통해 자신의 마음을 통제함으로써 현명한 태도를 가질 수 있게 되어 온전한 삶을 유지할 수 있게 합니다.

② 자신에 대한 이해

온전한 삶으로의 전환을 하기 위해서는 자존감 회복과 성장의 과정은 반드시 필요합니다. 자존감을 회복하고 성장하기 위해서는 자신을 온전하게 사랑해야 하는데, 자신이 어떤 사람인지 잘 모른다면 대상이 명확하지 않기에 사랑할 수 없게 됩니다. 자신을 사랑하기 위해서는 자신이 어떤 사람인지를 명확히 아는 것이 우선되어야 하며, 자신이 가진 여러 문제점 또한 자신이 누구인지 알고 명확히 파악해야 해결할 수 있습니다.

사람들은 자아가 잘 형성되었다고 생각하지만 실상 자신이 어떤 사람인지 정확하게 이해하는 사람은 많지 않습니다. 이유는 자신에 대한 마음 알아차리기, 즉 메타인지가 훈련되지 않았기 때문입니다. 만약 자신을 이해하지 못해 자신에 대한 사랑을 알지 못한다면 자신을 사랑한다고 착각하면서 폭식, 사치, 게으름 등 자신을 사랑하는 것과는 거리가 먼 행동을 하면서 조금씩 자신을 망가뜨리기도 합니다. 자신에 대한 이해는 자신의 마음 플랫폼의 모습을 이해할 수 있게 하고, 인생의 좌표가 어디쯤 있는지를 알 수 있어 온전한 삶을 살아가기 위해서는 반드시 수행되어야 합니다.

③ 인생의 좌표와 방향성

주변에서 마흔을 기점으로 삶에 있어 갑자기 길을 잃어버린 것 같은 느낌을 받는다고 합니다. 이는 두 가지로 해석할 수 있는데, 하나는 성장 호르몬이 줄어들면서 더 이상 무엇을 하고자 하는 뇌의 명령이 줄어들어 생기는 공허감이고, 다른 하나는 자신이 어떤 사람인지, 지금 삶에 있어 어디쯤 있는지, 그리고 어디로 삶이 향하고 있는지 알 수 없는 무지에 의한 막막함 때문입니다.

이를 극복하기 위해서는 마흔 살 이후에도 성장 호르몬이 생성될 수 있도록 근육을 성장시켜 근육에서 만들어지는 성장 호르몬의 도움을 받아 활력을 되찾고 삶의 공허감을 해소할 수 있습니다. 두 번째, 자신이 누구이며 어디에 있고 어디로 가는지에 대한 궁금증에 관해서는 마인드피티 훈련을 통해 해소하여 무지로부터 벗어나 마음을 밝아지게 할 수 있습니다.

마음 알아차리기는 위에서 언급한 세 가지의 문제들을 해소할 수 있고, 자신을 사랑하기 위해서는 선행되어야 할 중요한 마음의 기제입니다. 마인드피티 훈련을 통해 마음 알아차리기만 가져가도 여러분의 인생에 있는 많은 문제를 해소할 수 있게 될 것입니다. 이제 본격적인 마음 운동에 앞서 우선적으로 선행되어야 하니 반드시 훈련을 통해 쉽게 자신을 알아차리는 메타인지를 갖기 바랍니다.

2 | 마음 알아차리기 연습 방법

여러분은 아침에 일어나 잠들기 전까지 무의식으로부터 여러 생각, 감정, 느낌을 경험하게 됩니다. 아침에 일어나기 귀찮음, 일하거나 공부하기 싫음, 배고픔, 심심함, 게임 또는 SNS를 할 때 재미 등을 느낍니다. 이들 마음 중에서 인생을 잘 살기 위해 특히 조심해야 할 마음인 게으름, 불안, 화, 짜증, 결핍, 열등감은 여러분의 성장을 어렵게 하는 마음들입니다. 우리는 이들 마음으로부터 삶이 휘둘리지 않도록 대응하고 극복할 수 있는 마음 알아차리기 연습 방법부터 알아보도록 하겠습니다.

마음 알아차리기를 잘하기 위해서는 의식하기와 글쓰기를 통해 연습합니다. 의식하기 연습을 예로 들면 아침에 직장이나 학교에 가기 싫을 때, 게으름의 마음을 의식하며 자신의 마음을 살펴봅니다. '나 지금 학교나 직장에 가기 싫어서 게으름이 생겨났구나'라고 알아차리는 것입니다. 마치 머리 위에서 자신의 감정을 바라보듯 하며 마음 알아차리는 의식을 가지는 것만으로 마음에 온통 게으름이 가득했던 상태에서 불편한 마음이 줄어드는 것을 경험할 수 있습니다. 이유는 감각에 위치하던 의식을 이성으로 이동시키면서 불편한 감정과 거리가 멀어지면서 감정의 크기가 작아지기 때문입니다. 게으름의 마음이 작아지면서 직장이나 학교로 출발하는 발걸음이 조금은 가벼워지게 됩니다.

문제는 마음에 문제가 발생했을 때 즉시 마음 알아차리기 스킬이 발동되지 않는다는 것입니다. 마음 알아차리기는 마음의 언어이기 때문에, 일상에서 잘 사용하기 위해서는 이해와 글쓰기를 반복해야 습득해서 필요할 때 꺼낼 수 있습니다.

특정한 시간을 정해 하루 동안 자신에게 발생한 상황과 그때 생겼던 마음에 대해 기록을 합니다. 특별하게 꾸며서 쓸 필요는 없고 사건과 마음을 드라이하게 쓰면 됩니다. 마음 알아차리기를 위한 글쓰기 연습을 하면 문득 신기한 현상을 발견할 수 있습니다. 문제가 발생한 시점에서 생겨났던 감정들을 시간이 지나고 회상을 해 보면 문제가 되었던 감정이 해소되어 있다는 것을 발견할 수 있습니다. 이는 시간이 자신의 의식을 감정과 분리시켜서 감정의 크기가 작아졌기 때문입니다. 이 원리를 활용해 마음의 문제가 발생한 즉시 자신의 의식을 감정과 분리하는 마음 알아차리기, 메타인지, 자기 객관화를 하면 그 즉시 감정이 작아지고 이 틈에 이성이 개입해서 온전한 태도를 가질 수 있습니다.

메타인지, 마음 알아차리기, 자기 객관화를 쉽게 하기 위한 글쓰기 연습은 자신의 메모 어플, 노트, 일기장, 마인드피티 카페 등 지속적으로 글을 적을 수 있는 도구라면 상관없이 편한 곳에서 연습하면 됩니다.

- 2월 5일 오전 10시경, 운전 중 갑자기 내 앞으로 차가 끼어들어 자 칫 사고로 이어질 수 있는 상황 발생. 이때 나는 화가 치밀어 오르는 감정을 느낌. 화나는 감정 때문에 오전에 평온했던 마음이 예민해졌 고 한동안 불편한 감정이 이어졌음. 기록하는 지금 시간은 오후 9시 이고 현재 감정은 오전의 감정보다 작아짐을 발견할 수 있음.

- 2월 6일 오후 7시경, 건강을 위해 달리기를 하려 했지만 갑자기 게 으름이 생김. 날씨를 이유로 달리기를 하러 가지 않음. 내 자신과 약 속을 지키지 않음으로 불편한 감정이 생겼고 게으름을 극복하지 못한 자신에 대해 한심한 감정을 느꼈음. 기록하는 지금 시간은 오후 9시 이고 게으름의 감정은 없어지고 후회가 생김. 내일 운동을 하려 할 때 게으름이 생기면 마음을 알아차리고 게으름의 감정을 줄이고 나서 게 으름을 실행에 옮길 예정임. 운동을 하지 않으면 반드시 후회가 온다 는 것을 알아차림.

- 2월 10일 오전 8시경, 아이가 유치원에 가기 싫어함. 어르고 달래 보았지만 울고불고 난리가 남. 참고 참다가 화를 냈고 서로 마음이 불 편한 상태로 아이를 유치원에 보냄. 아이에게 화를 내지 않기로 다짐 했지만 감정이 통제가 되지 않음. 자꾸 이런 상황이 반복되는 것이 이 해가 되지 않음. 기록하는 지금 시간은 오후 9시이며 오전에 느꼈던 부정적인 감정은 온데간데없고 미안한 마음이 생김. 이런 상황이 발 생하면 즉시 마음 알아차리기를 해서 감정 조절을 하고 최대한 설득 을 할 수 있는 현명한 방법을 찾아보겠음.

● 2월 15일 오후 4시경, 아무런 일도 일어나지 않았는데 이유 없이 갑자기 불안감이 몰려왔음. 불안감이 들면서 꼬리에 꼬리를 물면서 여러 상상으로 이어지며 불안감을 증폭시킴. 불안감을 느끼고 생각하는 동안 아무것도 할 수 없었음. 기록하는 지금 시간은 오후 9시이고 현재 불안감은 없어진 것을 알게 됨. 만약 불안함의 실체가 있는 현상이라면 지금도 불안해야 하겠지만, 시간이 지나 불안함과 멀어지고 불안함이 없어진 것을 알게 되니, 아까 불안함의 감정은 무의식에서 생겨난 망상이었음.

이와 같이 하루 동안 있었던 사건과 그때 느꼈던 감정, 생겨난 마음을 중심으로 서술하면서 글쓰기를 하는 현재 시점의 감정과 앞으로의 다짐을 자신의 메모장에 꾸준히 기록하는 것, 이것이 바로 마음 알아차리기 훈련의 핵심입니다.

마음 알아차리기 훈련을 막 시작한 초반 단계에서는 일상에서 어떤 이벤트가 발생했을 때 감정과 마음이 생겨나는 바로 그 순간에 마음 알아차리기를 통해 감정과 의식을 분리해 내고 감정을 컨트롤하는 것이 무척 어렵게 느껴집니다. 이는 지극히 자연스러운 현상입니다. 하지만 마음 알아차리기 글쓰기 훈련을 꾸준히 반복하다 보면, 어느 날 갑자기 놀라운 변화를 경험하게 됩니다. 화, 게으름, 결핍, 열등감과 같은 부정적인 마음이 발생했을 때 이를 즉각적으로 의식하게 되고, 훈련했던 마음 알아차리기가 마치 반사 작용처럼 즉시 발동하는 경험을 하게 되는 것입니다.

의식이 감정으로부터 성공적으로 분리되는 메타인지 상태가 작동하게 되면, 방금 전까지 끓어오르듯 격렬했던 감정의 마음이 신기하게도 통제 가능할 정도로 크기가 작아지는 것을 직접 느끼게 됩니다. 이 과정에서 마치 자신의 의식이 육체라는 몸 밖으로 빠져나와 제삼자의 시선으로 자신을 객관적으로 바라보는 듯한 매우 독특하고 묘한 경험을 하기도 합니다. 이러한 단계까지 충분히 연습이 되어 자유자재로 마음 알아차리기를 언제든지 할 수 있게 되는 능력, 이것을 우리는 메타인지 또는 자기 객관화라고 부릅니다.

마인드피티에서 제공하는 마음 알아차리기 스킬만 제대로 습득하고 실천하는 것만으로도 여러분의 인생 전반에 걸쳐 나타나는 놀라운 변화를 직접 경험하게 될 것입니다.

평소에 감정 조절이 제대로 되지 않아 일상생활에서 크고 작은 어려움이 계속해서 생겼던 다양한 상황들이 서서히 줄어들기 시작하면서, 점차 자신이 진정으로 원하는 방향으로 상황을 스스로 만들어 나갈 수 있는 능력이 생기게 됩니다. 또한 자신의 내면에 있는 여러 가지 마음들을 차분히 살펴보는 과정을 통해 정확하게 자신이 어떤 사람인지에 대한 이해도가 점점 더 높아지게 되고, 결과적으로 자신의 정체성을 명확하게 파악할 수 있게 되어 무엇을 진심으로 좋아하고 무엇을 특별히 잘하는지를 구체적으로 알 수 있게 됩니다.

이렇게 자신이 가진 호불호와 강점에 대한 깊이 있는 이해는 마치 지도에서 현재 위치를 파악하듯 인생에 있어서 자신의 좌표를 정확히 알 수 있게 해 주어 앞으로 나아갈 명확한 방향성을 가질 수 있게 되고, 추상적이었던 목표를 구체화시켜 실천 가능한 수준으로 만들어 강력하고 지속 가능한 동기를 가질 수 있게 됩니다.

자신에 대해 이해하면 가장 먼저 마주하게 될 모습은 자신의 밑바닥을 보게 되는 것입니다. 자신이 얼마나 속이 좁은지, 무지한지, 화가 많은지, 게으름이 많은지 등 평소 자신이 생각한 나보다 훨씬 별로인 마음의 모습들을 발견하게 됩니다. 하지만 자신의 밑바닥 모습을 정면으로 마주해야 이러한 마음을 극복할 수 있고 자신의 마음이 성장합니다.

자신에 대한 이해가 깊어지면 자신을 소중하게 여기는 본능의 마음도 발견할 수 있는데, 자신을 소중히 여기는 단 하나의 방법은 자신을 사랑하는 것입니다. 자신을 사랑하기 위해서는 사랑을 이해하고 사랑의 태도를 훈련해야 온전하게 자신을 사랑할 수 있습니다.

스스로를 사랑하는 것을 잘하기 위해서는 자신의 마음 깊숙이 들어가야 합니다. 마음 알아차리기는 자신의 마음속으로 풍덩 다이빙하는 것과 같습니다. 자신의 마음을 이해하고 알아차릴 수 있게 되면, 이제 본격적으로 사랑을 이해하고 행동할 차례입니다. 다음 장에서 사랑의 의미를 깊이 이해하고 사랑의 태도를 훈련하는 방법을 살펴보도록 하겠습니다.

[스텝 2]
사랑의 태도 익히기
- 자존감 회복

사람의 인생이 불행해지는 근본적인 이유는 정서적 불안정 때문입니다. 무의식에 자리 잡고 있는 결핍, 열등감, 게으름, 불안 등 부정적인 마음들은 감정과 만나 부정적인 마음을 증폭시켜 자신의 생각과 다른 방향으로 인생이 흘러가게 됩니다.

정서적 불안정은 부모로부터 제대로 된 사랑을 받지 못해 나타나는 것이 일반적입니다. 이 부분에서 많은 오해의 소지가 있는데, 부모로부터 사랑을 제대로 받지 못했다는 것은 부모가 자녀를 사랑하지 않는 것을 말하는 게 아닙니다. 오히려 사랑하는 마음은 가득하지만 마음의 언어인 사랑의 태도를 몰라서 제대로 된 사랑을 줄 수 없게 되어 마음과는 다르게 말과 행동이 자녀에게 마음의 상처를 주는 경우를 의미합니다.

예를 들어 배가 고플 때 밥을 먹고 싶은 마음만 가진다고 배고픔이 해결되지 않습니다. 배가 고파 밥을 먹고 싶으면 요리를 배워 밥도 하고 반찬도 만들어서 먹어야 배고픔이 해소됩니다. 이때 쌀과 밥솥이 있다고 해서 밥을 할 수 있는 것도 아닙니다. 밥을 하는 방법을 배우고 여러 번 밥을 짓는 연습을 해야 비로소 건강하고 맛있는 밥을 지어 먹을 수 있습니다.

이처럼 사랑도 마음만 가득하다고 자녀의 정서적 안정감을 채울 수 없고 부모와 자녀의 관계에서 갈등이 해결되지 않습니다. 밥을 안 먹으면 우리의 몸은 배고픈 것처럼, 부모로부터 제대로 된 사랑을 받지 못하면 우리의 마음은 사랑이 고픈 상태, 즉 정서적 불안정 상태가 됩니다. 자신 또는 사랑하는 대상에게 사랑의 마음만 갖는다고 정서적 안정감이나 심리적 불안정의 상태가 해소되지 않습니다. 사랑이 고파 생겨난 정서적 불안정은 사랑의 태도라는 말과 행동을 통해 마음을 채워야 안정감을 가질 수 있습니다.

만약 배고플 때 영양이 골고루 담긴 음식이 아닌 칼로리만 높고 영양은 비어 있으며 입에서만 쾌감이 있는 자극적인 음식만을 섭취한다면 당장의 배고픔은 해소할 수 있겠으나 금세 허기가 지고 건강은 점점 안 좋아져 결국 병을 얻게 됩니다. 이처럼 심리적으로 불안정한 상태에서 도파민만 분비되는 콘텐츠인 SNS, 게임, 술, 불법 약물 등에 허기진 마음을 채우려 한다면 당장 즐거움과 쾌감은 얻을지 몰라도 금세 더 큰 공허감이 생겨 더 자극적인 쾌감을 찾는 악순환이 생기는 등, 근본적인 마음의 건강인 정서적 안정감에는 도움이 되지 않습니다.

우리가 건강한 몸을 유지하기 위해 좋은 식단의 식사를 해야 하듯, 건강한 마음을 갖기 위해서는 온전한 사랑의 행동인 사랑의 태도가 반드시 필요합니다. 매일 밥 먹듯이 매일 자신에게 사랑의 태도를 행동하면 자존감과 마음의 근육을 성장시킬 수 있게 되어 건강하고 단단한 마음을 유지할 수 있으며, 밥 먹듯 배우자와 자녀를 사랑한다면 사랑하는 대상의 마음은 안정감으로 채워질 것입니다.

사랑의 태도를 행동한다는 것은 아래 다섯 가지 항목에 대해 의식을 가지고 매일 생각하고 행동하며 자신을 점검하는 것을 의미합니다. 이를 위해서는 사랑의 태도를 정확하게 이해하고 연습을 통해 자신과 사랑하는 상대에게 말과 행동을 할 수 있도록 해야 합니다.

1 | 사랑하는 대상을 믿는다

자신 또는 사랑하는 상대를 사랑한다는 것은 대상에 대한 믿음을 갖는 것으로부터 출발합니다. 믿음은 단순하게 생각해서 마음이 생겨나는 것이 아닙니다. 자신 또는 상대에 대한 구체적인 사안들에 대해 믿는 경험을 반복적이고 지속적으로 생각하고 말해야 믿음이 형성됩니다. 대상에 대한 믿음이 형성되었더라도 지속적으로 의식하지 않으면 믿음은 흩어져서 사라집니다. 마치 생존이 지속되기 위해서는 식사를 지속해야 하는 것과 같습니다.

그런데 많은 사람은 사랑하는 대상에 대한 믿음이 자신에게 확고하게 자리 잡고 있다는 착각을 하면서 믿음에 대한 말과 생각을 반복하고 지속하지 않습니다. 특히 자신을 믿지 못하면서 타인의 눈치를 많이 보거나 어떤 결정에 대해 망설이는 모습을 자주 보게 됩니다. 일, 건강, 인간관계에 있어 성장이나 성취가 빠른 시일 내 가시화되는 것에 집착을 하여 원하는 결과에 도달하지 못하면 금세 포기하고 외부의 원인으로 돌리면서 자기 합리화를 하며 원망을 가집니다. 자신에 대한 믿음이 부족하면 어떤 일을 하더라도 지속할 수 없는 태도를 갖게 되어 장기적으로 성장할 수 없게 됩니다.

흔히 믿음이 자연스럽게 생긴다고 생각하지만 결코 그렇지 않다는 힌트를 육아에서 발견할 수 있습니다. 부모가 아이에게 믿음을 가지고 육아를 하면 아이도 자신 스스로에 대한 믿음이 형성됩니다. 하지만 믿음을 갖지 않고 아이의 사소한 일까지 부모가 대신한다면 아이는 스스로 믿음을 갖는 경험을 하지 못해 성인이 되어서도 부모의 영향력에서 벗어나지 못하는 결과를 가져오기도 합니다.

육아의 과정에서 부모의 마음속에는 늘 불안을 가지고 있습니다. '아이가 잘못되면 어떻게 될까?', '나처럼 실수하는 인생을 살지 않았으면 좋겠어', '다른 사람이 우리 아이를 이상하게 평가하지 않을까?' 등 여러 불안한 마음을 가지고 아이를 키우다 보니, 자연스럽게 아이가 할 수 있고 해야 할 일들을 부모가 대신해서 하게 됩니다. 이렇게 되면 아이는 자신에 대한 믿음을 가질 기회를 잃어버리고, 이는 자신을 긍정하는 마음을 갖기 어렵게 만들어 아이의 인생에서 큰 불행을 갖게 합니다.

인간은 의미와 개념을 가지기 때문에 물리적으로 어디를 가지 않더라도 누구나 무의식적으로 인생이 어딘가를 향해 가고 있다고 생각합니다. 문득 자신의 인생에 대해 고민을 하게 된다면 인생이 가야 할 곳은 꽤나 괜찮은 곳이기를 바랄 것입니다. 인생의 좋은 목적지에 가기 위해서는 세 가지가 필요합니다. '구체적인 목적지, 방향, 에너지'. 인생의 목적지와 방향은 각자 자신의 모습에 따라 다를 수 있지만, 에너지를 갖기 위해서는 믿음을 기반으로 하는 긍정이라는 마음을 가지고 있어야 합니다. 자신과 사랑하는 상대의 인생에 있어 온전한 삶을 살아가기 위해서는 반드시 믿음이라는 마음의 언어를 습득해야 합니다.

① 믿음을 형성하는 생각 연습 방법

1. 사랑의 대상인 자신 또는 상대에게 의식을 이동합니다.
2. 현재 자신이 대상을 소중하게 여기고 사랑하는지 스스로에게 질문합니다.
3. 사랑의 대상이 온전해질 것이라는 믿음을 의도적으로 생각합니다. 이때 대상이 자신의 생각처럼 말과 행동을 하지 않더라도 대상을 믿는다고 생각해야 합니다.
4. 믿음을 갖지 못하게 하는 불안함이 생겼을 때 마음 알아차리기를 통해 마음을 들여다봅니다. 불안의 생각은 보통 실체가 없는 망상인 경우가 많기 때문에, 이를 무의식에서 발생한 현상이라고 이해하고 난 후 불안함을 해소하고 극복하여 믿음의 생각으로 의식을 이동합니다.

② 글쓰기 연습 방법

'나는 나를(혹은 사랑하는 상대 이름을) 소중하게 여깁니다. 소중한 내(혹은 사랑하는 상대 이름)가 온전해질 수 있다고 믿습니다. 삶이 온전해질 수 있는 현명하고 씩씩한 행동을 할 수 있다고 나는 나를 믿습니다. 어떤 불안과 힘든 일이 생겨도 극복할 수 있다고 나는 내(혹은 사랑하는 상대

이름)를 믿습니다.'

이 문구를 입으로 읽으면서 생각을 한 후 자신이 연습하기 편한 곳(메모장, 마인드피티 네이버 카페)에 글쓰기를 합니다. 생각을 하고 글쓰기를 하는 이유는 자신의 생각과 마음, 행동이 싱크되도록 하기 위함입니다. 생각만으로는 자신을 믿는다고 할 수 없고, 생각, 마음, 행동이 싱크되어야 진심으로 사랑하는 자신 또는 상대에 대한 진짜 믿음을 형성할 수 있습니다.

믿음의 마음을 가질 수 있는 생각과 글쓰기는 최소 주당 2에서 3회 또는 매일 연습하는 것이 좋으며, 사랑하는 자신 또는 상대를 볼 때마다 간단하게라도 믿는다고 마음속으로 생각하는 것이 믿음을 형성하는 데 큰 도움이 됩니다. 이렇게 1년 이상 훈련이 반복되면 의식적으로 했던 믿음의 생각이 기억을 넘어 무의식으로 입력되어 믿음의 마음이 필요한 순간에 의식을 하지 않더라도 툭 하고 튀어나와 자신 또는 상대에 대한 믿음과 긍정의 마음을 가지고 생각과 행동을 할 수 있게 됩니다.

2 | 사랑하는 대상을 잘 살펴본다

어떤 대상을 사랑하면 자연스럽게 그 대상에 대해 집중하고 가까이에서 잘 살펴보게 되며, 소중히 여겨 아껴 주게 됩니다. 하지만 결핍, 열등감, 화, 욕망, 졸림이나 배고픔 등 무의식에서 생겨나는 본성의 욕구들에 마음이 압도되는 상태라면 사랑하는 대상에 대한 집중과 살펴봄은 사라지고 금세 자신의 본성과 본능에 집중하게 됩니다. 이는 특히 0세에서 5세까지 아이를 키우는 부모들이 조심해야 할 부분입니다.

이 시기에 아이는 폭발적인 호기심으로 인해 어떤 위험한 행동을 할지 모르기 때문에 부모는 언제나 아이를 잘 살펴보고 있어야 합니다. 평소에 아주 잘 살펴보다가 잠깐 스마트폰을 하거나 다른 사람과 이야기를 나눌 때 꼭 아이에게 크고 작은 사고가 발생합니다.

저는 초등학생 아이를 키우는 아빠라 가족들과 많은 장소를 방문하게 되는데, 그곳에서 부모들을 살펴보면 아이는 방치된 채 스마트폰에 푹 빠져 있는 부모들을 종종 보게 됩니다. 정말 위태로운 순간을 목격한 적이 한두 번이 아니었습니다.

스마트폰에 정신이 빠져 있다가 아이에게 안전사고가 발생해서 아이가 힘들어하면 부모는 아이에게 화를 내며 아이 탓을 합니다. 이런 상황에서 부모가 아이를 사랑한다고 말할 수 있을까 하는 의문을 가지게 됩니다. 이러한 현상이 발생하는 이유는 아이를 잘 살펴보는 것보다 부모의 마음속 무의식에서 오는 심심함, 결핍, 열등감의 마음을 더 중요하게 여기면서 아이보다 자신의 마음에 집중하기 때문입니다. 이를 두고 부모의 행동이 부적절하다고 할 수도 있지만, 부모가 나빠서 그렇다기보다 사랑이라는 마음의 언어를 정확하게 이해하고 습득하지 못한 어리석음에서 원인을 찾을 수 있습니다.

사랑하는 대상을 잘 살핀다는 개념은 상대에게 초집중하고 있는 상태를 의미하는 것이 아닙니다. 유튜브에 '엄마, 아빠의 초능력'이라고 검색을 하면 부모가 아이의 돌발 사고에서 구해내는 영상들이 많습니다. 이런 영상을 보면 무심하게 부모는 각자의 일을 하다가 아이에게 위험한 일이 생기면 즉각 행동하여 아이를 구하는 모습을 볼 수 있습니다. 이런 현상이 가능한 이유는 자신의 일을 하면서도 의식 한쪽에는 아이를 잘 살펴보고 있었기 때문입니다. 사랑의 태도에서 잘 살펴본다는 개념은 이와 비슷한 느낌으로, 적당한 거리에서 자신의 일을 하지만, 사랑하는 대상에게 늘 의식이 연결되어 있는 상태를 말합니다.

자신 또는 상대에게 의식을 집중하며 자세히 살펴보면 마음의 목소리를 들을 수 있는데, 이를 공감이라 합니다. 공감을 가진 상태에서 자신 또는 상대에게서 들려오는 목소리를 듣고 있으면 희로애락을 느낄 수가 있습니다. 대상의 목소리를 살펴보면 상태를 파악할 수 있고, 상황에 따라 돌봄을 할 수 있습니다.

① 사랑하는 대상을 잘 살펴보기 위한 생각 연습

㉠ 자신 또는 상대를 마주할 때 자신의 의식이 자신의 감정과 감각에 집중되어 있는지, 상대에게 있는지 마음 알아차리기를 합니다. 만약 자신의 욕구, 욕망 등의 감정이나 감각에 의식이 집중된 상태라면 사랑하는 자신 또는 상대의 상황을 잘 살펴보지 못한다는 생각을 가지고, 잘 살피지 않으면 돌봄을 할 수 없다는 문제의식을 가집니다.

㉡ 자신 또는 상대를 잘 살펴보면서 대상의 온전함을 위한 돌봄이 필요한 부분을 찾아 생각합니다.

② 사랑하는 대상을 잘 살펴보기 위한 글쓰기 연습

㉠ 하루 동안 사랑하는 자신 또는 상대를 잘 살폈는지 스스로에게 질문하고 답하는 내용의 글을 씁니다.

㉡ 사랑하는 자신 또는 상대가 온전해지기 위해 어떤 생각과 행동으로 돌봄을 했는지에 관한 글을 씁니다.

㉢ 자신 또는 상대에게 특이점이 발견되었다면 살펴본 내용을 기록합
    니다.

③ 잘 살펴보기 효능감

잘 살펴보기 연습을 꾸준히 하다 보면 어느 순간 대상에게 의식을 가
져야 한다는 의도를 갖지 않더라도 의식의 일부가 대상을 살펴보고 있
는 상태가 됩니다. 마치 스파이더 센스 스파이더맨의 능력으로, 탁월한
감각으로 주변의 위험을 미리 감지한다.

와 같은 능력을 갖게 됩니다. 그때부터는 따로 연습을 하지 않아도 의
식의 일부가 사랑하는 대상에게 향하게 되어, 자신 또는 상대가 돌봄이
필요할 때 힘들이지 않고 알아차리고 돌봄을 할 수 있게 됩니다. 그래서
대상이 온전해질 수 있는 도움을 줄 수 있습니다.

3 | 사랑하는 대상과 대화하고 질문을 하고 모르는 것이 있으면 알려준다

사랑하는 자신 또는 상대를 잘 살피다 보면 대상이 어떤 사항들에 관
해 궁금증이 있다는 것을 발견하게 됩니다. 이때 자신 또는 상대에게 궁
금한 것이 무엇인지에 관해 대화하고 질문하며, 자신이 답해 줄 수 있는
선에서 궁금증에 대한 사안을 같이 해결하는 것이 사랑의 태도입니다.

이는 두 가지 효과를 기대할 수 있는데, 하나는 궁금증의 해소를 통해
성장을 유도하는 것이고, 둘째는 질문을 하고 답을 찾는 과정에서 자신
또는 상대에게 적극적인 관심의 표현이 되어 정서적 안정감을 주는 데
크게 도움이 되는 것입니다. 이 과정에서 주의해야 할 점은 거리가 너무

가까우면 간섭이나 잔소리가 되고 너무 멀어지면 무관심이 되기 때문에 적절한 지점을 갖는 것이 중요합니다.

성장을 위해서는 여러 배움과 연습이 필요한데, 배움에 있어 처음에는 온통 궁금증투성이고 무엇을 알고 무엇을 모르는지조차 알지 못하는 무지의 상태이기 때문에 누군가 옆에서 코치해 줄 사람이 반드시 필요합니다. 예를 들어 건강을 위한 근육의 성장을 위해 운동을 처음 시작하면 마음가짐부터 몸의 움직임까지 어느 하나 익숙한 것 없이 생소하고 모르는 것투성이입니다. 자신이 무엇을 모르는지조차 알 수 없는 단계이기에 피트니스 센터에서 트레이너에게 PT를 받는 것이 근육 성장에 있어 많은 도움이 됩니다.

이처럼 사랑하는 자신 또는 상대가 무지의 상태에서 온전한 상태로의 성장을 하기 위해서는 옆에서 방향성 설정과 조력이 필요합니다.

① 사랑하는 대상과 대화하고 질문을 하고 모르는 것이 있으면 알려 주는 연습 방법

사랑하는 상대를 잘 살펴보다가 궁금증이 생긴 것 같다면 그에 관해 조심스럽게 대화를 시도하고 질문을 합니다. 질문의 내용을 자신이 잘 알고 있다면 적절하게 알려 주고, 잘 모르면 검색과 공부를 하고서 알려 줍니다. 이때 일방적인 정보를 전달하는 방식이 아닌 친절한 대화의 방식으로 궁금증을 풀어내야 합니다.

자신을 사랑할 때 마음 알아차리기를 연습하게 되면 자신에 대한 궁금증 또는 관심사가 생기기도 합니다. 이때 그냥 지나치면 안 되고 반드시 궁금증을 해소하여 관심사가 되는 생각을 기록해야 합니다. 이것이 자

신이 어떤 사람인지 알 수 있는 중요한 단서가 되기 때문에 놓치지 않아
야 합니다.

② 사랑하는 대상과 대화하고 질문을 하고 모르는 것이 있으면 알려 주는
글쓰기 연습

자신 또는 상대를 잘 살피다가 문제 또는 궁금증이 발견되면 고민하고
해결해 가는 과정을 자신의 메모장 또는 마인드피티 카페에 글쓰기를
통해 연습합니다.

4 | 사랑하는 대상이 부족한 부분에 대해 자신을 희생한다

사랑의 태도 다섯 가지는 가장 쉽고 기초적인 부분으로 시작해서 점점
어려워지는 구성을 가집니다. 희생은 네 번째 단계로 자신 또는 상대를
사랑한다고 할 때 무척 힘든 과정이 될 것입니다. 그렇기에 이번 장과 다
음 장은 집중해서 이해하고 연습하기를 당부드립니다.

우리는 흔히 '사랑한다'고 하면 '대상에게 자신을 희생한다'고 생각을
합니다. 이는 반은 맞고 반은 틀립니다. 희생은 사랑의 일부에 해당하는
행위이지, 그것이 전부라고 생각하면 사랑의 행위가 완성되지 않습니
다. 희생에 대한 항목에만 집중하면 자칫 보상심리가 발동해서 억울한
감정이 생기면서 오히려 독이 되기도 합니다. 희생의 행동이 독이 되는
기저에는 상대를 사랑하기 때문에 자신을 희생한다고 생각하면서, 실상
은 자신의 결핍된 욕구를 채우려는 의도를 갖는 마음과 충돌하고 있는
것입니다. 이를 예방하기 위해서는 희생의 정의를 명확하게 인지하고

사랑하는 자신 또는 상대에게 온전하게 사랑의 태도를 행동할 수 있도록 희생을 지속적으로 훈련이 필요합니다.

　희생의 사전적 의미는 '일정한 목적을 달성하기 위한 목적 또는 타인의 이익을 위하여 자신의 생명이나 이익을 포기하는 행위'라고 합니다. 이때 사전적 의미에는 없는 중요한 포인트는 '그냥' 또는 '조건 없이' 행위를 해야 상대가 온전해지는 희생이 완성됩니다. 희생을 하는 목적은 자신의 마음을 채우려는 것이 아닌, 사랑하는 대상의 온전함을 갖기 위해서 행동해야 부작용이 발생하지 않습니다.

　예를 들어 아이를 키우는 맞벌이 부부가 있습니다. 부부 각자가 가족을 사랑하는 마음을 가지고 열심히 육아와 일을 하는데 자꾸 다툼이 생깁니다. 남편과 아내 각자의 입장에서 서로가 자신이 일을 더 많이 하는 것 같은 생각이 들면서, 자꾸 억울한 느낌이 들어 사소한 일이 싸움으로 번지게 됩니다. 이런 상황을 자세히 들여다보면 남편과 아내 각자는 자신이 희생한다고 생각하면서 각자의 마음속에서는 거래를 하고 있었기 때문에 억울함이 생겨나는 것입니다. 거래라는 것은 유·무형의 어떤 것을 제값에 주고받는 행위를 의미하는데, 자신이 바깥일도 하고 집안일도 더 많이 했으니 상대도 나만큼 일을 했으면 하는 주고받으려는 마음이 쌓이면서 억울함이 생겨나고, 자신이 일을 많이 해 힘들다기보다는 내가 손해 보는 것 같은 마음이 생겨 다툼으로 이어지는 것입니다. 만약 희생의 의미를 정확하게 이해한다면 이런 일들로 부부싸움까지는 하지 않을 것입니다. '그러면 마냥 나만 희생을 하면서 살아가야 하나??'라는 의문이 생깁니다. 조건 없는 마음으로 각자의 할 일을 하되, 충분한 질문과 대화를 통해 어느 정도 조율하면서 생활해야 억울함이 생기지 않고 지속 가능한 희생을 할 수 있습니다.

자신을 사랑한다는 것은 자신을 향해 스스로가 희생하는 것을 포함하는 의미입니다. 자신을 사랑할 때 흔히 착각하는 행동은 자신의 기분이 좋아지는 감정과 감각에 집중하는 행동입니다. 맛있는 것을 먹거나 좋은 물건을 사거나 멋있는 여행지를 가는 것처럼 말입니다. 이는 자신에게 잠깐의 즐거움, 쾌감은 줄 수 있지만, 인생 전체로 보면 이는 행복한 삶의 아주 작은 부분에 해당하는 행위로 자신의 마음을 성장시키기에는 부족합니다. 자신을 사랑하는 것은 결핍되고 열등감 등 감정과 감각을 채우는 것이 아닌, 온전한 삶을 위한 돈, 건강, 인간관계, 자아실현의 성장을 위해 스스로 돌보는 행위를 의미합니다. 예를 들면 건강을 유지함에 있어 식단, 운동, 휴식은 필수입니다. 여기서 많은 사람은 건강이 아닌 미용에 목적을 두고 운동으로 멋진 몸매를 만들어 SNS에 자랑하거나 타인에게 인정받아 자신의 결핍된 마음을 채우려고 하는데, 이렇게 인정욕구의 감각을 채우는 목적은 원하는 만큼 채울 수 없어 지속하지 못하거나 지나치게 욕심을 부려서 오히려 몸을 망가뜨리기도 합니다.

자신을 사랑하기 위한 운동은 건강함이라는 온전한 상태를 위해 '그냥' 지속적으로 운동함으로써 완성됩니다.

사랑을 한다는 것은 누군가 억지로 강요할 수 없는 정신 작용으로 반드시 자신이 스스로 선택해야 합니다. 자신 또는 상대를 사랑한다고 선택했다면 자신이 희생을 하기로 선택한 것과 같습니다. 그러므로 희생적인 사랑의 태도는 거래가 아닌, 그냥 조건 없이 자신의 것을 주는 돌봄의 행위를 통해 완성되고, 이로 인해 자신 또는 상대는 온전해질 수 있습니다. 하지만 희생이 어려운 이유는 그냥 주는 마음과 거래의 마음 사이에서 딜레마에 빠지기 때문입니다. 사람은 누구나 이기적인 존재이기에 자신이 손해 보는 꼴은 절대 두고 볼 수 없는데, 그 이유는 욕구, 결핍, 열등감을 해소하려는 무의식을 뒤로하고 자신 또는 상대를 위해 조건 없이 행동하기는 참으로 어렵기 때문입니다. 하지만 자신 또는 상대를 사랑한다면 이를 극복하고 희생이라는 행위를 지속해야 대상이 온전해질 수 있습니다. 대상이 온전해지면 그 결과로 자신의 마음도 편안해집니다. 당장 눈앞에 보이는 자신의 감각과 감정을 채우는 것이 자신을 위하는 것처럼 느껴질 수 있습니다. 하지만 인생이라는 더 큰 그림에서 바라보면, 사랑하는 대상을 위해 희생하는 것이야말로 결국 자신을 진정으로 위하는 행동입니다. 여러분도 치열하게 자신의 감정과 감각을 극복하고 사랑의 태도인 희생을 훈련하여 사랑을 완성하시기 바랍니다.

① **희생에 관한 생각 연습 방법**

㉠ 사랑의 대상을 선택하고 의식을 이동합니다.

㉡ 대상을 잘 살펴보다가 상대가 돌봄이 필요한 점을 발견하면 자신이 무엇을 어떻게 희생할지 고민합니다.

㉢ 희생하는 행위(그냥 하는 것)에 대해 명확하게 인지하고 행동하되, 거래의 마음(희생을 했을 때 바라는 마음)이 생겨나는지 스스로 잘 살펴본 후 적당한 거리를 두면서 행동합니다.

㉣ 자신의 희생이 자신 또는 상대에게 온전한 삶을 살아가는 데 도움

이 된다는 믿음을 가집니다.

(ㅂ) 아무것도 바라지 않는 마음으로 희생하는 행동을 할 때 간혹 기쁨
이 생기는 것을 알아차립니다.

② 글쓰기 연습

희생에 관한 생각 연습을 예를 들어 순서대로 글로 옮겨 적습니다.

(ㄱ)자신을 (ㄴ)살펴보다가, 온전한 삶을 살기 위해 건강에 신경을 써야
한다는 생각에 달리기를 해야겠다고 결심했습니다. (ㄷ)달리기를 할 때 다
른 사람에게 자랑하려는 마음으로 하거나 기록 갱신을 위한 것이 아닌,
나의 건강에 도움이 될 수 있도록 안전하게 달리기를 했습니다. 달리는
동안 인정받고 싶고 좋은 기록을 갱신하고 싶은 마음이 생겼지만, 이는
인정욕구의 감각을 채우는 것으로 '희생'이 아닌 '거래를 하고 싶은 마
음'이라는 것을 알아차리게 되었습니다. (ㄹ)달리기를 지속적으로 하면 심
폐기능이 좋아지고 혈액순환에 도움이 되며 허리와 무릎 등의 관절과
근육이 강화되어 나의 건강에 도움이 된다는 것을 믿습니다. (ㅁ)SNS에서
인정받고 기록 갱신에 대한 마음을 내려놓고 달리기를 하다 보니 어느
날 지속적으로 달리기를 하는 나 자신이 자랑스러웠고 예전보다 조금은
건강해진 내 모습에 기쁨을 느꼈습니다.

위에 예를 든 상황은 저 자신을 사랑하기 위해 달리기를 했던 날 적은
내용 중 일부입니다. 달리기라는 희생의 행동이 순수하게 희생으로서
기능을 갖는지에 관해 확인하고 거래의 마음을 갖지 않으려고 제 마음
을 계속 살펴보았습니다. 달리다 보면 제 마음에서 인정욕구와 계산하
는 마음이 생길 때마다 대응하면서 달리기를 완주합니다. 이처럼 희생

의 행동을 했을 때 여러 욕구를 극복하면서 그냥 자신의 것을 그냥 주는 태도를 가져야만 갈등이 생기지 않고 지속할 수 있다는 점을 유의하면서 연습하시기 바랍니다.

5 | 사랑하는 대상을 기다린다

사랑하는 대상에게 제대로 된 사랑을 하려고 마음가짐을 갖더라도 지속하기 어려운 가장 큰 이유는 대상에 대한 기다림이 무척 어렵기 때문입니다. 무엇을 어떻게 기다려야 하기에 사랑의 태도에서 가장 어렵다고 하는 것인지 자세히 살펴본 다음 연습 방법을 안내드리겠습니다.

사람은 어떤 목표와 목적을 달성하려 할 때 계획과 행동 이후 기다림이라는 시간을 반드시 가지게 됩니다. 예를 들어 밥을 먹기 위해 밥을 짓고 요리를 하더라도 밥과 요리가 익을 동안 기다려야 맛있는 식사를 할 수 있습니다. 시험, 일, 운동, 인간관계 등 다양한 활동에서 자신이 생각하는 좋은 결과를 얻기 위해서는 그 행위에 충실하고 기다림의 시간을 반드시 가져야 합니다.

하지만 많은 사람은 목적을 가지고 행위를 할 때 욕심이라는 무의식이 개입하여 행위라는 본질을 소홀히 하면서 기다림의 시간을 제대로 갖지 못해 좋은 결과를 얻지 못하는 경우가 많습니다. 그렇다면 기다림의 문제는 '욕심을 내려놓고 목표에 도달할 때까지 그냥 하세요'라는 어디선가 들어봤던 문장으로 해결할 수 있을까요?

안타깝게도 이 문장이 간단하고 쉬웠다면 누구나 쉽게 목표에 도달하고, 자신을 사랑하고 성장할 수 있었을 것입니다. 여기에서 욕심을 내려놓기도 어렵고, 그냥 하는 것도 어렵기 때문에 우리는 기다림이 어렵습니다. 어떤 욕심이 우리들의 마음에 있는지 구체적인 예를 들어보겠습니다.

우리는 자신을 사랑하고 소중하게 생각해 운동을 합니다. 미용이나 건강의 목적으로 운동을 시작해 보지만 대부분의 사람들은 하다 말다 반복하다가 결국 운동을 멈추는 경우가 많습니다. 이때 의지 부족, 게으름, 시간 부족 등 여러 이유가 있을 수 있지만, 원인을 더 깊이 들여다보면 욕심이 운동을 지속하지 못하게 하는 큰 원인이라는 것을 알 수 있습니다.

운동을 시작하면 여러 정보를 SNS, 유튜브, 강연, 책 등에서 찾아보게 됩니다. 운동 관련한 좋은 정보들을 공부하면서 콘텐츠를 제공하는 사람들의 멋진 모습을 닮고 싶다는 욕망도 같이 형성됩니다. 몸은 아직 초보 단계에 있지만 더 멋진 몸매, 더 높은 기록, 더 효율적인 퍼포먼스 등 머리에서는 벌써 콘텐츠 제작하는 사람들과 비슷한 수준으로 자신의 모습을 상상합니다. '저 사람처럼 되고 싶다'는 욕심의 마음이 생겨나고, 자신의 몸이 빨리 높은 수준이 되고자 하는 마음에 사로잡히게 되면서 빠르게 포기하거나 치팅으로 성장의 속도를 높이려는 욕심이 생겨납니다.

건강의 본질은 미용이나 기록 또는 퍼포먼스가 아닌 안전하게 운동하면서 깨끗하게 식단을 관리하고 편안한 휴식을 통해 좋은 몸의 상태를 기다리는 것입니다. 하지만 욕심에 의해 기다림이라는 단계를 극복하지 못하면 운동을 지속하지 못하거나 치팅을 사용하면서 건강을 유지하기 어렵게 됩니다. 이는 건강뿐만 아니라 공부, 일, 인간관계, 육아에 있어서도 비슷합니다.

사랑의 태도에서 기다림을 이야기할 때 대표적인 예로 육아를 들 수 있습니다. 육아에 있어 아이를 사랑하는 것은 모든 부모의 공통된 마음입니다. 처음 아이가 태어나면 대부분 부모는 아이를 보며 '건강하게만 자라다오’라는 소박한 마음으로 육아를 시작합니다. 그러다 아이가 첫걸음을 딛고 ‘엄마’, ‘아빠’를 말하는 순간 부모는 가슴 벅찬 감동을 느낍니다. 고작 걷고 말하는 아주 작은 행동에 기쁨을 느낍니다. 이때는 아이에 대한 기대와 욕심이 전혀 없는 상태이기 때문에 작은 것 하나에도 감동과 기쁨을 느낍니다.

아이의 자아가 생기는 시기, 어린이집이나 유치원을 다니면서 아이가 제법 자신의 의견을 말로 표현도 잘하고 호기심이 생겨 이것저것 탐색할 때가 오면 부모님과 아이의 갈등은 서서히 생겨납니다. 우리 아이가 다른 아이보다 뒤처지는 것은 아닌지, 말을 잘하지 못해 아이가 힘들어하지는 않는지 등, 부모는 여러 걱정이 생깁니다. 이때 각종 SNS, 영상, 책에서 아주 멋지게 아이를 키우는 부모들의 인터뷰를 접하면서 자신이 아이에게 지금 못 해 주는 것이 아닐까 하는 마음에 이때부터 육아는 부모 자신의 문제가 되어 버립니다.

아이는 아무 문제 없이 잘 자라고 있음에도 불구하고 부모들만 마음이 애타서 ‘아이를 위한다’고 각종 학원, 학습지, 행사 등을 쫓아다니면서 아이가 조금 더 빨리 성장하길 바라며 아이를 키웁니다. 아이를 사랑한다고 생각하고 말하면서 아이를 믿고, 잘 살펴보며, 물어보는 행위는 모두 생략한 채 부모 자신들의 희생에 초점을 둡니다. 그렇게 아이를 기다리지 못한 채 부모의 마음만 저 멀리에 있기에 늘 조바심이 가득해 아이를 다그치게 됩니다.

이런 상태의 육아를 하는 가정이라면 사랑을 제대로 배우지 못한 부모일 가능성이 높습니다. 사랑을 모른 채 결혼 생활을 한 부부는 늘 다툼이 많이 생길 수밖에 없습니다. 부부싸움을 하는 모습을 지켜본 아이는 지속적으로 마음의 상처를 깊게 받아 자존감은 점점 낮아지게 됩니다. 아이의 성장에 발맞춰 기다리지 못하는 부부는 늘 긴장 상태의 가정환경이 되면서 결국 아이는 단단한 자아를 형성하지 못한 채 어른이 되어 평생을 불안정한 마음을 가진 채 살아갈 확률이 아주 높습니다.

부모가 아이를 기다린다는 것은 부모의 마음이 저 멀리 앞서서 아이를 기다리며 다그치는 모습이 아닙니다. 오히려 아이를 잘 살펴서 아이의 성향을 파악하고, 대화를 통해 아이의 마음을 알아 가면서 부부가 긴밀히 상의해서 속도를 조절해 가며 아이보다 딱 한 발짝 앞에서 아이에게 잘 알려 주고 응원하는 것을 의미합니다. 성공적인 육아는 아이의 문제가 아닌 부모 스스로의 성장을 통한 제대로 된 사랑의 유무에 따라 결정됩니다.

위의 두 가지 사례뿐만 아닌 다양한 일들에 있어 기다림을 포함한 사랑의 태도가 제대로 실천되지 않는다면 인생에 있어 온전한 삶을 기대하기 어렵습니다. 그렇기 때문에 기다림 훈련을 통해 사랑의 태도를 완성하여 자신 또는 상대를 온전하게 사랑하는 법을 배우시기 바랍니다.

① 사랑하는 대상을 기다리는 생각 연습

(ㄱ) 사랑하는 대상을 믿고, 잘 살펴보고, 대화하고 질문하고 알려 주고, 희생했는가를 살피면서 사랑의 태도를 점검합니다.

(ㄴ) 현재 내가 하는 말과 행동이 사랑하는 대상을 온전하게 하기 위한 돌봄인지, 자신의 욕심, 결핍, 열등감을 해소하기 위한 행동인지 점검합니다.

(ㄷ) 대상을 언제까지 기다려야 할지 의문이 들고 조바심이 나거나 불안

감이 생기면, 대상이 온전해질 때까지 돌보며 기다려야 사랑이 완성된다는 것을 인지합니다.

㉣ 기다림의 시간을 연습하는 동안 사랑의 태도 첫 번째 단계인 믿음을 다시 한번 생각합니다.

② 글쓰기 연습

예를 들어 육아에 있어 기다림을 연습한다면, 아래와 같이 '기다림에 대한 생각 연습'을 글로 적습니다.

㉠나는 우리 아이를 믿고, 잘 살피며, 아이와 대화하고 질문을 통해 모르는 것이 있다면 잘 알려 주고, 아이가 필요한 부분을 희생했는지 점검합니다. ㉡현재 나의 욕심, 결핍, 열등감을 채우기 위해 아이를 힘들게 하고 있지 않은지 고민합니다. ㉢아이가 성인이 되어 온전하게 자립을 할 때까지 나는 기다리며 사랑의 태도를 행동할 것입니다. ㉣우리 아이는 씩씩한 성인이 되어 좋아하고 잘하는 일을 찾아서 쓸모 있는 사람으로 온전하고 행복한 삶을 살아갈 것을 믿습니다.

기다림 훈련의 목적은 대상이 온전해질 때까지 기다려야 한다는 생각을 머릿속에서 마음속으로 옮겨 가도록 하는 것입니다. 의도적인 생각과 글쓰기 훈련을 통해 이것이 가능해집니다. 진심으로 대상을 위해 기다릴 마음가짐이 갖춰지면, 욕심, 결핍, 열등감 때문에 조급해지는 순간에도 이를 대응하고 극복할 수 있습니다. 이때 비로소 사랑의 태도는 완성됩니다.

여기까지 사랑의 태도 다섯 가지에 대한 설명과 연습 방법을 알아보았습니다. 처음에는 분량이 많아 부담스럽게 느껴질 수 있습니다. 하지만 꾸준히 훈련하다 보면 놀랍게도 다섯 가지 항목을 1분 안에 점검할 수 있을 만큼 빨라집니다. 매주 일정한 시간을 정해서 자신의 메모장이나 마인드피티 카페 등 편한 곳에 생각과 글쓰기를 반복하면, 어느새 자신 또는 상대를 제대로 사랑할 수 있는 사람이 되어 있을 것입니다.

③ 사랑의 태도의 중요성과 효능감

요즘 들어 건강 관련 콘텐츠에서 많이 언급되는 내용 중 40대 이후 근감소증에 관한 내용이 많습니다. 내용의 핵심은 에이징 커브가 시작하는 40대 이후 각종 질병의 원인이 근육이 감소해서 발생한다는 것입니다. 근감소증은 단백질, 탄수화물, 지방을 고루 갖춘 식단과 근육 운동을 지속해서 근육량을 늘리면 예방할 수 있습니다. 특히 근육을 성장시키기 위해서는 무거운 무게를 들고 밀고 당기는 운동이 반드시 수행되어야 효과가 있습니다.

건강을 유지하는 몸을 갖기 위해서는 근육이 필요하고 운동을 해야 하듯, 건강한 정신을 유지하는 데에도 근육과 같은 역할을 하는 자존감이라는 마음이 필요합니다. 자존감은 부모의 사랑을 받거나 자신이 스스로 사랑하는 행위를 통해 성장하고 유지됩니다.

몸의 근육 = 마음의 근육(자존감)을 성장·유지시키는 행위(무게 운동) = 자존감을 성장·유지시키는 행위(사랑) 무게 운동 = 사랑의 태도

사랑의 태도는 사랑하는 자신 또는 상대를 온전하게 사랑하는 방법으로서 구체적인 액션을 의미하며, 대상에게 사랑을 주어 온전한 마음을 형성하게 합니다. 사랑하는 마음을 가지고 있으면서 사랑의 태도를 행

동하지 않는 것은 마치 건강을 걱정하면서 운동을 하지 않는 것과 같습니다.

사랑의 태도는 인간이 가진 근본적인 문제들을 해소합니다. 사랑의 태도로 형성되고 성장한 자존감은 결핍, 열등감, 스트레스, 불안 등 부정적인 마음들에 대응하고 극복할 수 있게 되어 마음은 밝고 자유로워질 수 있습니다.

예를 들면 아이의 교육에 있어, 아이가 힘들어함에도 불구하고 부모가 언성을 높여 가면서 많은 양의 학습을 강요하는 기저에는 아이를 사랑하는 마음과 함께 부모 자신의 결핍, 열등감, 불안의 마음이 작동하기 때문입니다. 이때 부모 자신의 결핍, 열등감, 불안을 해소할 수 있도록 부모 스스로에게 사랑의 태도를 훈련하면 자존감이 회복되고 성장하게 됩니다. 부모 자신에게 생긴 자존감은 스스로에게 믿음을 주고 긍정적인 마음가짐을 가질 수 있게 하면서 무의식에 자리 잡은 여러 부정적인 마음들을 통제할 수 있게 되어 온전한 정신 상태를 가질 수 있게 됩니다.

부모의 마음이 온전해지면 이때부터 아이를 온전하게 살펴볼 수 있고 제대로 된 사랑을 할 준비가 됩니다. 특별히 무엇을 아이에게 하지 않아도 아이를 향해 믿고, 잘 살피고, 대화와 질문을 통해 잘 알려 주고, 희생하고, 그리고 기다리면 아이는 사랑의 양분을 가득 머금고 높은 자존감을 형성하게 됩니다. 높은 자존감을 형성한 아이는 건강한 자아를 가지게 되어 스스로 문제에 대응하고 해결할 수 있는 능력이 길러지게 됩니다. 이런 상태에서 부모는 적당한 거리에서 아이가 온전해질 수 있다는 믿음을 가지고 응원을 지속한다면 큰 어려움 없이 아이를 교육할 수 있게 됩니다.

요즘 부모님들은 온 힘을 다해 아이를 키우면서 부모는 부모대로, 아이는 아이대로 상처받고 힘들어하는 모습의 가정이 많습니다. 이는 사랑하는 마음과 부모의 부정적인 마음이 엉켜서 제대로 된 사랑을 주지 못해 생기는 비극입니다. 자신 또는 상대를 사랑한다면 온전하고 행복해야지 괴로움이 되면 안 됩니다.

사랑한다는 것은 상대에게 바라는 것 없이 사랑의 태도를 행동한다는 의미로서, 상대에게 바라는 것이 없으니 스트레스도 없습니다. 상대를 믿는 마음이 강하게 자리 잡으면 초조하거나 불안하지 않게 되어 상대에게 불필요한 말과 행동을 요구하지 않게 되고 다툼이 없습니다. 사랑을 받는 상대는 자신이 사랑받는다는 느낌을 통해 정서적 안정감이 생겨 마음이 편안해집니다. 상대가 편안한 마음의 상태가 되면 사랑을 하는 자신에게 행복으로 되돌아옵니다.

사랑이 있으면 삶에 있어 자신 또는 상대에게 어려움이 생겨도 서로 믿고 의지하며 진심으로 도움이 되는 마음을 갖고 행동하니, 어려움은 현명하게 극복되고 전화위복의 계기가 되어 더욱 성장할 수 있게 됩니다. 변하지 않을 것만 같았던 복잡한 인생의 문제들이 어느샌가 해결되고 온전한 마음을 가지면서 충만감을 느끼며 행복한 삶을 살아가는 기적을 경험하게 될 것입니다.

사랑은 인간이 온전한 정신세계를 형성하는 근간이 됩니다. 사랑은 사랑의 태도가 반드시 수반되어야 완성됩니다. 그렇기 때문에 여러분의 온전한 삶을 위해서라면 반드시 사랑의 태도를 연습하기 바랍니다.

＊

[스텝 3]
달리기
– 자신을 사랑하기 위한 가장 직관적인 운동

마음을 운동해서 마음의 근육을 키운다는 것은 실체가 없는 개념이라 모호한 부분이 많습니다. 사랑, 행복, 알아차리기, 자아 같은 개념들도 마찬가지입니다. 이들은 물질이 아닌 정신의 영역에 존재하기에 눈으로 볼 수도, 손으로 잡을 수도 없습니다. 그래서 명확한 기준이나 방향, 구체적인 목표를 설정하기가 매우 어렵습니다. 이러한 마음의 특성 때문에 다른 사람이 도와주는 데 한계가 있고, 결국 본인 스스로 개념을 이해하고 훈련해 나가야 합니다.

제 경우를 예로 들어 보겠습니다. 마음을 이해하고 훈련하려던 초기에 저는 도무지 방향을 잡지 못하고 방황했습니다. 여러 책을 읽고 영상을 보며 개념을 잡으려 애쓰던 그때, 건강에 문제가 생겼고 그것이 계기가 되어 달리기를 시작하게 되었습니다.

달리기를 시작한 지 1년쯤 지나자 놀라운 변화들이 찾아왔습니다. 오랫동안 저를 괴롭히던 목과 허리 통증이 사라졌고, 피부도 좋아지는 등 몸의 건강이 확연히 좋아졌습니다. 그런데 더 놀라운 것은 몸만큼이나 마음에도 엄청난 변화가 일어나고 있다는 사실이었습니다. 그때 저는 문득 깨달았습니다.

'달리기는 자신을 사랑하기 위해 사랑의 태도를 연습하는 가장 직관적인 몸의 움직임이구나.'

달리기를 처음 시작하면 짧은 거리만 달려도 심장이 터질 듯 뛰고, 숨이 끊어질 것 같고, 온몸의 힘이 빠지면서 '이러다 정말 쓰러지는 거 아닐까?' 하는 생각이 듭니다. 이럴 때는 다른 생각을 할 여유가 없습니다. 오직 '힘들다'는 생각뿐입니다.

하지만 이런 상태로 6개월 이상 꾸준히 달리다 보면 변화가 찾아옵니다. 어느새 허리, 코어, 다리, 발목의 근육이 단단해지고 호흡도 안정됩니다. 여전히 심장은 빨리 뛰지만, 이제는 충분히 견딜 수 있는 수준이 됩니다. 그러면서 자연스럽게 의식에 여유가 생깁니다. 더 이상 힘든 몸에만 집중하는 것이 아니라, 이제는 자신의 마음을 들여다볼 수 있게 되는 것입니다.

달리기의 특별한 점이 여기에 있습니다. 다른 운동과 달리 갑자기 힘을 쓰거나 공을 쫓아 점수를 내야 하는 등의 순간적인 집중이 필요하지 않습니다. 그저 발 앞을 주시하며 달리기만 하면 됩니다. 그래서 의식은 온전히 자신의 몸과 마음을 관찰하는 데 쓸 수 있습니다. 생각해 보면 하루 중 자신에게 1시간 이상 온전히 집중할 수 있는 시간이 달리기 말고 또 있을까요?

자신에게 의식을 집중할 수 있는 이 시간을 활용하여 우리는 마음의 언어인 사랑, 행복, 긍정, 감사, 목표, 그리고 사랑의 태도를 연습하여 마음을 성장시킬 수 있습니다. 달리는 동안 자신을 사랑하기 위한 사랑의 태도를 연습하는 방법을 살펴보겠습니다.

달리기 중 마음을 살피며 사랑의 태도 익히기

1) 마음 알아차리기

2) 믿음

3) 잘 살펴보기

4) 자신에게 묻고, 알려 주기

5) 희생

6) 기다림

7) 긍정과 감사 그리고 선택

8) 목적과 목표

1 | 마음 알아차리기

자신을 사랑하기 위해서는 반드시 자신을 대상으로 의식하는 상태인 메타인지, '자신의 마음 알아차림' 상태가 되어야 합니다. 마음 알아차림은 마음의 언어로서 지속적인 훈련을 통해 습득할 수 있습니다. 하지만 평상시 외부의 이벤트나 자극으로 인해 의식은 자신을 향해 있지 않고 늘 다른 곳에 빼앗긴 상태여서 마음 알아차림을 훈련하기란 쉽지 않습니다.

그런데 달리기를 하게 되면 평소에 마음 알아차리기 훈련을 하지 못하더라도 달리는 동안 충분한 양을 훈련할 수 있어 마음 성장에 큰 도움이 됩니다. 달리기를 할 때 자신을 알아차리는 과정을 예를 들어보겠습니다.

달리기를 하면 가장 먼저 자신의 심장 박동을 느끼면서 호흡을 알아차릴 수 있습니다. 그리고 서서히 몸이 달아오르면서 조금씩 숨이 차오르는 것을 느낍니다. 달리기가 시작되고 약 10에서 20분 사이, 갑자기 힘든 느낌이 머리에 가득 차면서 '오늘은 평소보다 달리는 거리를 줄여 볼까?' 하는 생각을 합니다. 그러면서 갑자기 무릎이 아픈 느낌, 발목이 뻐근한 느낌, 허리가 불편한 느낌 등 다양한 몸의 이상 증세가 느껴집니다. 이런 상태라면 부상의 위험이 있을지 모른다는 불안감이 들면서 '당장 멈추고 돌아가야 하는 게 아닐까?' 하는 생각도 생겨납니다.

하지만 이런 생각을 뒤로하고 계속 달리면 호흡은 안정되고 온몸이 아프던 느낌은 없어지면서 꽤 달릴 만한 컨디션이 됩니다. 몸이 가벼워집니다. 달리기를 시작하고 10에서 20분 구간에서 힘들어하는 마음을 알아차리고 이를 극복하는 과정을 통해 계속 달리기를 하는 자신을 발견할 수 있습니다. 달리기를 하는 동안 자신의 몸과 마음을 잘 살펴보는 훈련을 하면서 자연스럽게 마음 알아차리기가 습득됩니다.

달리기를 시작하고 2~3개월이 지나 익숙해질 때 서서히 기록 욕심이 생기고 장비 욕심, 대회에 참여해서 인정받고 싶은 욕구 등 마음속에서는 다양한 욕구와 욕심의 감각을 채우고 싶어 하는 마음이 생깁니다. 그러면서 건강을 위한 달리기에서 점점 무리한 달리기를 하는 자신을 발견할 수도 있고, 달리기를 하는 자신이 너무 멋져 보이는 마음과 러너스하이라는 쾌감을 느낄 수도 있습니다. 이 시기에는 자신의 쾌감, 인정욕구, 승부욕 등 다양한 욕망과 욕구를 알아차리는 훈련을 할 수 있습니다.

달리기를 하는 동안 자신에게 천국부터 지옥의 마음, 감사부터 욕망의 마음까지 아주 다양한 마음을 발견할 수 있습니다. 이런 마음이 한두 번 생겨나는 것이 아닌 달리기를 할 때마다 다양한 마음을 발견하고 알아차릴 수 있어, 달리기는 마음 알아차림을 할 수 있는 가장 직관적인 훈련 방법입니다.

2 | 믿음

달리기가 건강에 좋다는 것은 이제 누구나 아는 사실입니다. 하지만 알고 있다고 해서 실천하기는 쉽지 않습니다. 우리 뇌는 효율성을 최우선으로 하기 때문에 운동을 일종의 에너지 낭비로 여깁니다. 그래서 운동을 하려고 할 때마다 온갖 핑계를 만들어 냅니다. 게으름이 찾아오고, 부정적인 생각이 머릿속을 채우고, 그럴듯한 합리화가 떠오릅니다. 이런 뇌의 방해 공작을 뚫고 나갈 수 있는 힘, 그것이 바로 믿음입니다.

저는 6년 넘게 달리기를 해 왔습니다. 그런데도 달리기를 시작하기 전에는 여전히 비슷한 마음들이 찾아옵니다. '오늘은 좀 쉬어도 되지 않을까?' 하는 게으름, '혹시 다칠 수도 있지 않을까?' 하는 걱정, '날씨가 별로인데…' 하는 합리화. 이런 마음들을 발견할 때마다 저는 의식적으로 믿음을 떠올립니다.

'나는 목표한 거리와 시간을 달성할 수 있어.'
'달리기와 웨이트로 건강을 지킬 수 있어.'
'나이가 들어도 계속 달릴 수 있어.'
'운동을 통해 멋진 몸을 만들 수 있어.'

이렇게 의식적으로 믿음을 떠올리면서 뇌의 저항을 극복합니다.

달리는 동안에도 이런 믿음들을 반복해서 생각하고 말합니다. 마치 기

도하듯이요. 처음에는 그저 머릿속을 맴도는 생각에 불과했던 것들이
점점 깊어집니다. 반복하다 보면 기억에 새겨지고, 무의식 속에 자리 잡
습니다. 그렇게 마음 깊은 곳에 믿음이 뿌리내리면, 뇌가 아무리 저항해
도 흔들리지 않게 됩니다. 그래서 달리기를 계속할 수 있습니다.

3 | 잘 살펴보기

마음 알아차리기와 잘 살펴보기는 비슷해 보이지만 분명한 차이가 있
습니다. 마음 알아차리기가 자신의 생각과 마음에 의식을 집중하는 것
이라면, 잘 살펴보기는 한 걸음 물러나 몸과 마음 전체를 조망하며 점검
하는 것입니다.

달리기를 예로 들어보겠습니다. 오늘 나의 전체적인 컨디션은 어떤지,
어떤 코스를 선택할지, 조심해야 할 구간은 없는지, 필요한 장비는 챙겼
는지, 시간 여유는 충분한지 등을 두루 살피는 것이 바로 '잘 살펴보기'
입니다. 필요하다면 달리기에 도움이 되는 지식이나 팁을 미리 찾아보
기도 합니다. 이는 달리기를 위해 자신이 준비하고 때로는 희생해야 할
부분들을 꼼꼼히 점검하는 과정입니다.

이러한 잘 살펴보기를 의도적으로 연습하지 않으면, 달리는 중에 예상
치 못한 불편함이 생기기 마련입니다. 이를 방지하려면 달리기 전이나
달리는 동안 점검할 항목들을 목록으로 만들어 두고 습관화하는 것이
큰 도움이 됩니다.

특히 달리는 동안 자신의 몸 상태를 주의 깊게 살피면, 뇌가 만들어 내
는 일시적인 불편함과 실제로 문제가 될 수 있는 부상의 신호를 구별할
수 있습니다. 이 둘을 현명하게 판단하고 적절히 대응할 때, 비로소 부상

없이 오래도록 달리기를 지속할 수 있습니다.

4 | 자신에게 묻고, 알려 주기

건강을 위해 달리기를 준비하다 보면 자연스럽게 많은 궁금증이 생깁니다. 어떻게 달려야 하는지, 어떤 장비가 필요한지, 어떤 위험이 있는지, 어떤 효과를 기대할 수 있는지 등 알고 싶은 것들이 끊임없이 떠오릅니다. 영상을 보고 글을 읽으며 정보를 모으고, 새로운 궁금증이 생기면 댓글로 질문을 남기기도 합니다.

어느 정도 마음의 준비가 되어 달리기를 시작하면, 이번에는 경험에서 비롯된 새로운 궁금증들이 계속 생겨납니다. 이를 기억해 두었다가 검색을 통해 하나씩 해소하면서 실력을 쌓아 갑니다. 이러한 과정은 달리기를 잘 살펴보고 진심으로 관심을 가질 때 자연스럽게 나타나는 현상입니다.

달리기를 지속하며 스스로에게 계속 질문하고 답을 찾아가다 보면, 어느 순간 달리기의 본질과 마주하게 됩니다. 그것은 바로 달리기가 단순한 신체 활동이 아니라 마음 운동이자 명상이라는 깨달음입니다.

마음 운동과 명상은 결국 자신을 알아 가는 여정입니다. 자신을 깊이 이해하게 되면 자신이 얼마나 소중한 존재인지 느끼게 되고, 그 과정에서 자연스럽게 스스로를 사랑할 수 있게 됩니다.

5 | 희생

달리기를 시작한 지 몇 달이 지나면 자신의 몸에서 눈에 띄는 변화가 일어납니다. 체중이 줄고 근육량이 늘어나며, 몸의 균형이 잡히면서 평소 불편했던 통증들이 사라집니다. 몸이 한결 가벼워진 듯한 컨디션을 경험하고, 피부는 눈에 띄게 좋아집니다. 중년 이상의 남성이라면 고개를 숙이고 다니던 모습에서 벗어나 청년 시절의 당당함을 되찾기도 합니다. 이렇게 달리기를 수개월 지속하며 변화하는 자신의 모습에서 기쁨과 놀라움을 느낍니다.

하지만 간사한 인간의 뇌는 이러한 즐거움도 잠시, 어느새 건강을 당연한 것처럼 여기게 만듭니다. 기쁨과 놀라움은 사라지고 게으름이 슬그머니 찾아옵니다.

흔히 달리기 관련 콘텐츠들은 달리기가 쉽고 가볍다며 당장 나가서 뛰라고 말합니다. 하지만 저는 다른 의견을 가지고 있습니다. 달리기를 제대로 하려면 하루에 약 두 시간 정도의 시간이 필요하고, 날씨와 장소의 제약도 있으며, 꾸준히 장비를 구입해야 하기에 적지 않은 지출도 생깁니다.

추운 겨울 달리기를 나가야 하는 날이면, 따뜻한 집에서 귤을 까먹으며 넷플릭스를 보는 즐거움을 포기해야 합니다. 춥고, 힘들고, 돈 쓰고, 시간을 쏟는 이 모든 기회비용에 대한 생각이 머릿속을 가득 채웁니다.

바로 이때가 중요합니다. 달리기를 하지 않으려는 마음을 알아차리고, 스스로에게 물어야 합니다. 왜 달리기를 하는지, 무엇을 목표로 하는지, 자신의 건강 로드맵은 무엇인지, 건강이 온전한 삶과 어떤 관계가 있는지 깊이 생각하고 스스로 답을 내려야 합니다. 달리기가 자신을 사랑하는 아주 직관적인 행위라고 말하는 이유는 바로 여기에 있습니다. 머릿속 가득한 기회비용에 대한 생각을 뒤로하고, 자신을 사랑하기 위해 돈을 쓰고, 시간을 들이고, 에너지를 쏟는 희생을 감수하는 행위이기 때문입니다.

결국 달리기를 한다는 것 자체가 자신에게 희생하는 행동입니다. 그리고 이는 사랑의 태도에서 희생을 연습할 수 있는 아주 좋은 수단이 됩니다.

6 | 기다림

달리기를 시작한 지 수개월이 지나면 문득 깨닫게 됩니다. '달리기는 죽기 전까지 하는 것이구나.' 이는 자신의 온전한 상태를 지속적으로 유지하기 위해 달리기와 함께 평생을 기다려야 한다는 의미이기도 합니다.

하지만 달리기에서 기다림이 어려운 이유는 끊임없이 찾아오는 망상 때문입니다. 간사한 우리의 뇌는 수시로 달리기를 하지 않도록 방해합니다. 게으름을 부추기고, 자기 합리화를 만들어 내고, 부정적인 생각을 심어 줍니다. 여기저기 아픈 것 같은 느낌을 만들어 내기도 합니다. 심지어 달리기가 무릎을 망가뜨리고, 피부를 늙게 하며, 빨리 죽게 만든다는 극단적인 생각에 집중하게 만들면서 온전한 건강을 위한 기다림을 어렵게 합니다.

하지만 바로 여기에 기회가 있습니다. 지속적인 달리기를 통해 이러한 부정적인 마음을 매번 극복하는 훈련을 하다 보면, 기다림을 할 수 있는 마음의 근육이 자라납니다. 결국 달리기는 기다림을 연습하고 성장시키는 최고의 수단이 됩니다.

7 | 긍정과 감사 그리고 선택

인간은 하나의 사물, 상황, 사건을 두고 여러 해석을 할 수 있는 능력을 가졌습니다.

목표 거리를 8km로 설정하고 달리기를 시작했다고 가정해 봅시다. 대략 2km를 달렸을 때 힘든 구간에 들어섭니다. 이때 어느 날은 '아이고, 아직 6km나 더 남았네'라는 생각이 들기도 하고, 몸이 가벼운 날은 '오늘은 벌써 2km나 뛰었네'라는 생각을 하기도 합니다. 같은 상황에서도 부정적인 생각과 긍정적인 생각 모두 가능합니다.

흥미로운 점은 이 생각의 차이가 실제 경험을 완전히 바꾼다는 것입니다. 부정적인 생각으로 달리는 날은 매 발걸음이 무겁고 힘듭니다. 반면 긍정적인 생각을 한 날은 몸이 가볍고 더 뛰고 싶다는 생각이 들 정도로 기분이 좋습니다. 긍정적인 생각은 힘든 일이나 상황을 극복할 수 있는 에너지를 만들어 냅니다. 많은 심리 전문가들이 긍정적인 생각을 강조하는 이유가 바로 여기에 있습니다.

어떠한 상황에서도 긍정적으로 생각할 수 있는 능력을 갖추면, 달리기를 포함한 인생 전반의 여러 일들을 좋은 방향으로 이끌어 갈 수 있습니다. 달리기 시간 동안 긍정의 생각이 누적되어 습관이 된다면, 삶의 여러 상황 속에서도 자연스럽게 긍정적으로 생각하는 태도가 형성됩니다. 그리고 이는 온전한 삶의 방향으로 나아가는 길이 됩니다.

감사는 긍정보다 한 걸음 더 나아간 적극적인 태도입니다. 긍정과 함께 감사의 마음을 연습하면 긍정이 가진 에너지를 부스팅하는 효과가 있습니다. 예를 들어 상대방에 대해 긍정적으로 생각하는 것은 좋은 감정을 만들고 관계를 부드럽게 만들어 줍니다. 여기서 더 나아가 상대방에게 감사한 마음을 가지면 존중과 존경의 마음이 생기고, 자신이 가진 것을 기꺼이 내어 줄 수 있는 적극적인 행동으로 이어집니다. 이를 통해 더할 나위 없이 좋은 관계를 형성할 수 있게 됩니다.

긍정과 감사 역시 마음의 언어로서 지속적인 훈련을 통해 습관으로 만들 수 있습니다. 달리기는 이를 훈련하기에 최적의 시간입니다. 먼저 달리기가 나에게 주는 긍정적인 효과들을 지속해서 생각하고, 달리기를 할 수 있는 나 자신에게 감사한 마음을 가지는 것부터 시작합니다. 달리는 동안 감상하는 풍경과 날씨에 감사할 수 있고, 마주하는 다양한 사람들에게 긍정적인 생각을 보낼 수 있습니다. 어제 있었던 일들을 긍정과 감사의 마음으로 다시 해석해 볼 수도 있고, 자신이 사랑하는 주변 사람들에게 긍정과 감사의 마음을 떠올려 볼 수도 있습니다.

긍정과 감사의 마음을 연습하다 보면 이는 기억으로 저장됩니다. 마음 플랫폼에서 이성적 생각과 마음이 싱크되면서 달리기에 대한 긍정과 감사의 생각이 머리가 아닌 가슴에서 느껴지기 시작합니다. 이때부터 진정으로 즐겁고 기쁨을 경험하는 달리기를 하게 되며, 다음 달리기가 기다려지는 설렘을 느끼게 될 것입니다.

달릴 때 긍정과 감사의 연습이 익숙해지면 일상의 상황들에서도 자연스럽게 적용할 수 있게 됩니다. 점점 많은 상황에 대해 긍정과 감사를 확장해 나가다 보면, 삶의 모든 상황에서 긍정적이고 감사한 마음을 가지는 태도가 형성됩니다.

인간의 뇌는 긍정과 부정을 구분할 수 없고, 늘 부정적인 생각을 하도록 세팅되어 있다고 합니다. 이러한 특징을 가진 뇌를 가지고 살아가는 우리는 의식적으로 긍정과 감사의 생각과 마음을 선택해야 합니다. 그래야만 긍정적인 방향으로 삶을 안내할 수 있습니다.

달리기를 하는 동안 자신의 마음을 알아차리고 긍정과 감사의 마음을 선택해서 훈련하다 보면, 삶도 그러하게 흘러가게 될 것입니다.

8 | 목적과 목표

달리기를 하는 사람들은 모두 각자의 목적과 목표를 가지고 있습니다. 마인드피티에서 달리기의 목적은 건강을 위한 저속노화와 사랑의 태도 연습입니다. 그리고 궁극적으로 온전한 삶을 목표로 합니다.

마인드피티의 달리기는 다른 사람으로부터 인정받기, 기록 단축, 러너스 하이의 쾌감을 주된 목적으로 삼지 않습니다. 마라톤 완주를 목표로 하지도 않습니다. 기록을 위해 빠르게 달리면 부상의 위험이 높아지고, 기록 단축에 대한 욕심은 채워지지 않는 결핍을 만들어 냅니다. 갑자기 현타가 오면서 지속하지 못하게 되는 이유입니다.

우리가 권장하는 것은 평생을 함께할 자신의 몸과 마음을 위한 운동으로, 매주 2~3회 달리기입니다.

욕심내지 않고 천천히 달리다 보면 시간이 조금 더 걸릴 뿐, 결국 더 좋은 결과를 얻게 됩니다. 다른 사람들로부터 진정한 인정을 받게 되고, 자연스럽게 달리기 실력이 늘어 기록이 단축됩니다. 가끔 느끼는 러너스 하이는 큰 즐거움을 선사합니다. 물론 준비가 되었다고 생각되면 하프 마라톤 정도는 누구나 가볍게 완주할 수 있습니다.

달리기를 시작할 때는 마음가짐이 중요합니다. 천천히 달리되 자신의 마음에 집중하며 사랑의 태도를 연습하는 것, 이것이 달리기의 목적입니다. 그리고 자신의 온전한 삶을 위한 건강한 달리기를 목표로 훈련해야 합니다.

- 달리기를 시작하기 전, 먼저 자신의 마음을 살펴봅니다. 게으름이 찾아오거나 부정적인 생각이 생겨나는지 알아차립니다. 만약 부정적인 마음이 달리기를 방해한다면, 그 마음을 알아차리고 달리기의 목적과 목표를 떠올립니다. 자신의 마음을 설득하고 대응하여 달리기를 할 수 있는 마음가짐을 갖도록 극복합니다.
- 실내든 실외든 접근하기 좋은 장소를 선택합니다. 달리기 편한 복장을 하고 천천히 달립니다.
- 주 2~3회 달리기를 하며, 시간은 1시간 내외로 합니다. 1시간 30분을 넘기지 않습니다.
- 달리는 동안에는 자신의 마음에서 들려오는 생각과 목소리에 집중하는 연습을 합니다. 인정욕구, 기록에 대한 욕심, 러너스 하이를 느끼고 싶은 생각까지 모두 포함해서 관찰합니다.
- 자신의 마음을 알아차린 후에는 사랑의 태도 다섯 가지와 긍정, 감사를 달리기에 적용하여 하나씩 연습합니다.
- 자신을 향한 사랑의 태도, 긍정, 감사를 연습한 뒤에는 이를 사랑하는 사람들에게로 확장하여 생각하는 연습을 합니다.
- 자신의 마음 운동을 위한 달리기는 러닝크루와 함께하지 않습니다.
- 부득이하게 달리기를 하지 못하는 경우에는 좁은 공간에서 할 수 있는 절 운동이나 웨이트로 대체할 수 있습니다.

마인드피티의 달리기는 일반적인 달리기와 다릅니다. 기록, 외형, 감각, 성취보다 달리기를 하는 동안 발생하는 마음의 현상을 읽고 현명하게 대응하면서 사랑의 태도를 연습하는 것입니다. 잘 달리는 사람이 되는 것이 아니라, 자신을 잘 사랑하는 사람이 되는 것이 목적입니다.

[스텝 4]
깨달음
– 긍정과 감사 마음의 언어 익히기

1 | 선택

구글과 유튜브가 등장한 이후 우리는 엄청난 양의 좋은 정보를 얻을 수 있게 되었습니다. 하지만 많은 정보량에 비례해 사람들의 행복도가 올라가는 것은 아닌 것 같습니다.

운동을 예로 들어 보겠습니다. 각 분야의 전문가들이 유튜브에서 자신의 지식과 노하우를 아낌없이 전달하지만, 대부분의 사람들은 영상을 시청만 할 뿐 행동으로 옮기지 않습니다. 운동을 통해 성장하는 사람은 극히 일부에 불과합니다. 이런 현상이 나타나는 이유는 여러 가지가 있겠으나, 가장 큰 이유는 사람들이 운동이라는 행위를 선택하지 못하기 때문입니다. 분명히 미용이나 건강을 위해 운동과 식단이 필요하다는 것을 머리로는 알고 있습니다. 하지만 막상 실행에 옮기려고 하면 마음이 천근만근이 되면서 운동을 선택하지 못하고 맙니다. 운동뿐만 아닙니다. 온전한 삶을 위해 필요한 요소인 돈, 인간관계에서도 마찬가지입니다. 머리로는 이해가 되어 실행해 보려 해도 그것들을 선택하지 못하는 마음 때문에 삶은 엉뚱한 방향으로 흘러갑니다. 만약 현명한 행동을 위한 선택이 짬뽕을 먹을지 짜장면을 먹을지 정하는 단순한 결정이라면, 사람들의 인생은 이렇게 괴롭지 않을 것입니다.

현명한 행동을 선택한다는 것은 사랑의 태도처럼 마음의 언어로서 배우고 훈련해야 합니다. 장기 기억으로 저장시켜 필요한 순간에 선택할 수 있는 에너지와 스킬을 가져야 비로소 온전한 삶의 방향으로 나아갈 수 있습니다. 마인드피티에서는 현명한 생각과 행동을 하는 선택을 다른 말로 '깨달음'이라고 합니다. 깨달음의 개념은 보통 불교에서 쓰이지만, 우리가 일상적으로도 많이 사용하는 개념입니다.

예를 들어 수학 시험에서 문제가 잘 풀리지 않다가 다른 방법을 생각해서 문제가 풀릴 때, 마음이 밝아지면서 순간 입에서 "아~ 이제 깨달았어!"라는 말이 저절로 나옵니다. 삶의 전반에 걸쳐 어떤 문제에 부딪혔을 때 현명한 생각으로 문제가 해결되면서 마음이 밝아지는 현상, 이것을 우리는 깨달았다고 말합니다. 깨달음은 '스위치'를 연상하게 합니다. 어두운 방에 들어가 스위치를 켜면 방이 환해지는 것처럼, 생각을 달리 선택하는 스위치를 켰을 때 어두운 마음이 밝아지는 것이 깨달음입니다. 깨달음의 원리를 여러 문제에 적용하면 우리는 현명한 행동을 선택할 수 있습니다.

정신·심리를 연구하고 상담하는 사람들이 공통으로 하는 말이 있습니다. "삶을 긍정하세요. 긍정적인 사고를 가지세요." 이유는 명확합니다. 긍정적인 사고는 어려운 인간의 삶을 온전하게 살아갈 수 있도록 방향을 잡아 주고, 힘든 삶을 극복하는 에너지를 만들어 내기 때문입니다.

예를 들어 어떤 아이디어를 가지고 사업을 진행할 때, 자신을 믿지 못하고 부정적인 마음에 사로잡히면 미래에 대한 확신을 갖지 못하면서 사업을 절대 성공시킬 수 없습니다. 사업을 하다 보면 매일 불안과 두려움이 덮쳐 와 허우적거리며 정신을 못 차리기 일쑤입니다. 이때마다 자신과 사업에 대해 믿고 잘될 것이라는 긍정적인 마음을 가지며 부정적인 마음을 극복해야 합니다. 그래야 자신의 사업에 집중하여 성공 확률을 높일 수 있습니다.

여기서 주목할 점이 있습니다. 자신의 사업이라는 하나의 현상을 두고, 부정적인 무의식에 영향을 받아 엉망이 될 수도 있고 긍정적인 생각으로 성공할 수도 있다는 것입니다. 깨달음은 바로 하나의 현상에서 긍정적인 생각을 선택하여 전환하는 것을 의미합니다. 우리는 두려움과 부정적 마음으로 가득한 어두운 방에서 깨달음이라는 스위치를 켜서 긍정적이고 밝은 마음을 선택할 수 있습니다. 어린아이가 처음에는 스위치를 켜지 못하지만, 연습을 통해 잘 켤 수 있듯이, 깨달음도 마음 운동을 훈련하면 자신이 원할 때 언제든지 켤 수 있습니다. 긍정의 마음이 어둠을 밝히는 역할이라면, 감사의 마음은 전환된 마음을 부스팅해서 더욱 환하게 밝히는 역할을 합니다. 우리는 감사한 일을 경험할 때 마음에서 따스하고 채워지는 감정을 느낍니다. 감사의 감정을 가지면 감사한 대상을 존경하고 기꺼이 자신을 희생하는 행동을 하기도 합니다.

예를 들어 돈 가방을 잃어버렸다가 누군가 그 가방을 되돌려 주면 정말 감사한 마음을 가지면서 사례를 합니다. 이때 사례하는 행동은 누가 하라고 하지 않아도 마음에서 우러난 행동입니다. 이처럼 감사한 마음을 가지면 희생하는 행동을 하는 등 적극적인 에너지를 가지게 됩니다. 감사의 마음의 원리를 응용하여 자신에게 선택하고 적용하면 삶에 긍정적인 효과를 가져올 수 있습니다. 온전한 삶의 구성 요소인 돈, 건강, 인간관계의 여러 상황에 대해 감사의 마음을 가지면, 자신을 성장시키는 데 있어 부스팅 역할을 하여 여러 어려운 상황들을 현명하게 극복할 수 있게 됩니다.

또 다른 예를 들어, 돈을 벌기 위해 어려운 일을 하고 있을 때 '비록 지금 하는 일이 힘들지만, 일을 할 수 있어 현재의 밥을 먹고 살 수 있고 미래에 성장할 수 있겠구나.'라는 감사의 마음을 가지면 마음에서 에너지가 느껴지면서 힘든 일이 긍정적인 일로 바뀌게 됩니다. 그러면서 힘든 일을 지속할 수 있게 만들어 줍니다.

달리기를 하면서 '이렇게 달리기를 할 수 있는 것만으로도 너무 감사한 일이야.'라고 생각하면 에너지가 생기면서 힘든 구간을 극복하는 경험을 하기도 합니다. 인간관계에서도 마찬가지입니다. 자녀, 배우자, 부모님, 친구 등 그들이 있어 감사한 마음을 가지면, 마음 한편에서 따스함이 채워지는 충만감을 느끼면서 그들이 사랑스럽게 느껴집니다. 이처럼 감사의 마음은 긍정적으로 생각하는 마음을 더욱 증폭시키는 부스팅 역할을 합니다. 긍정과 감사는 의식적으로 선택할 수 있는 마음의 언어입니다. 마음에서 저절로 생겨나지 않고, 훈련을 통해 현명함을 가질 수 있습니다.

마인드피티에서는 일상에서 게으름, 결핍, 열등감, 부정적인 감정이 생겨날 때 이를 알아차리고 긍정과 감사의 마음으로 스위칭시켜 현명한 선택을 할 수 있는 깨달음을 가질 수 있도록 알려드리겠습니다.

2 | 긍정과 감사의 마음 연습 방법

긍정과 감사의 마음을 연습하는 가장 직관적인 방법은 달리기입니다. 앞서 소개해 드렸듯이 달리기를 하는 동안 자신을 알아차리고 살펴보면서, 불편하고 부정적인 마음에 대응하여 의도적으로 긍정과 감사의 마음을 선택하는 연습을 먼저 하시길 추천합니다.

평소 일상에서도 긍정과 감사의 마음을 연습할 수 있습니다. 하루 중에 어떤 이벤트가 발생했을 때 마음 알아차리기를 연습하다 보면, 자신에게서 부정적인 마음을 발견하게 됩니다. 바로 이때마다 의도적으로 긍정과 감사의 마음을 선택하는 연습을 합니다. 부정적이었던 감정 상태에서 긍정과 감사의 마음으로 바꾸어 생각했을 때, 자신의 감정 상태가 어떻게 변하는지 관찰합니다. 이를 마인드피티 카페나 메모장에 글쓰기로 기록하며 훈련합니다. 부정적인 마음에서 순간 긍정과 감사의 생각으로 스위칭하기 위해서는 긍정과 감사의 생각이 마음에 붙을 때까지 반복해서 연습해야 합니다. 그래야 필요한 순간에 깨달음을 현명하게 활용해서 삶을 온전하게 살아갈 수 있습니다.

중요한 점이 하나 있습니다. 긍정과 감사가 머릿속에서만 맴돌면 자신에게 아무런 변화가 생기지 않습니다. 긍정과 감사를 선택해서 행동으로 옮겨야 비로소 변화하고 성장할 수 있습니다.

＊

[스텝 5]
삶의 목적과 목표
- 만다라트

인간이 살아가는 궁극적인 목적은 DNA에 각인된 생존과 번식의 명령을 수행하는 것입니다. 종교 수행자가 아닌 이상, 일반적인 사람은 이 DNA 명령 안에서 살게 됩니다.

생존과 번식의 명령을 잘 수행하기 위해 인간은 고도화된 뇌를 가지는 방향으로 진화했습니다. 이는 도구의 활용, 언어의 사용으로 이어졌고, 가족을 넘어 국가라는 사회를 만들어 번영을 이루었습니다. 특히 자연 앞에서 한없이 나약한 인간은 서로 도움을 주고받는 촘촘하고 강한 연대를 갖춘 사회와 가족을 통해 안정적인 생존과 번식을 할 수 있었습니다.

생존과 번식이라는 목적에서 인간에게는 두 가지 목표가 주어집니다. 하나는 개인의 안정적인 삶, 두 번째는 가정과 사회의 안정입니다.

1 | 안정

안정이란 개인, 가정, 사회가 편안하게 잘 사는 삶, 행복한 삶을 의미합니다. 우리는 개인의 안정, 가정의 안정, 지역 사회의 안정, 국가의 안정을 통해 DNA 명령을 충실히 수행하려 합니다.

마인드피티에서는 개인의 안정, 즉 행복한 삶을 위해 네 가지 목표를 제시합니다. 바로 '돈, 건강, 인간관계, 자아실현'입니다. 이 네 가지 목표를 일정 이상의 안정적인 수준으로 성장시키기 위해서는 각각 구체적인 목표와 방향 설정, 그리고 실행 방법이 필요합니다.

만다라트라는 도구를 활용하면 머릿속에서만 떠다니는 삶의 목적과 목표를 시각화할 수 있습니다. 이를 통해 목표를 구체적으로 실행에 옮기고 지속해서 실행할 수 있도록 도움을 받을 수 있습니다. 만다라트를 작성하는 것만으로도 목적과 목표가 시각화되어 자신의 부족한 부분을 파악할 수 있고, 비효율적으로 운영되는 시간과 에너지의 밸런스를 맞출 수 있습니다.

마인드피티에서 제시하는 네 가지 목표 중 어느 것 하나라도 성장하지 못하면 살아가는 동안 늘 결핍과 불안을 안고 살게 됩니다.

예를 들어 돈을 걱정 없이 벌면서 가족 간 사이가 좋지만, 건강 관리를 못 하면 어느 순간 행복한 삶이 무너집니다. 돈이 없으면 빈곤의 두려움으로 인해 갈등이 많이 생겨 괴롭습니다. 돈과 건강은 좋으나 인간관계가 무너지면 늘 외로움에 시달려야 합니다. 돈, 건강, 인간관계가 좋으나 자아실현을 하지 못한다면 평생 삶의 의미를 찾아 헤매는 공허감의 결핍을 경험하게 됩니다.

네 가지 목표는 균형 있게 일정 이상의 안정적인 수준으로 성장시켜야 합니다. 그래야 걱정 없이 살아가는 행복한 삶이 됩니다.

문제는 네 가지 목표를 위해 방대한 양의 고민이 필요하고, 매일 여러 가지를 실행에 옮겨야 한다는 어려움이 있다는 것입니다. 이를 해결하기 위해 만다라트를 통해 목적과 목표를 시각화하고 밸런스를 맞추면서 훈련하면, 수월하게 성장할 수 있습니다.

2 | 만다라트

만다라트란 본질을 뜻하는 '만달'에 소유를 뜻하는 '라'와 기술을 의미하는 '아트'를 합친 것으로, '목적과 목표의 본질을 달성하는 기술'이라는 의미를 가집니다.

방법은 간단합니다. 가로 9칸, 세로 9칸의 셀을 만들어 정중앙에 자신이 이루고자 하는 궁극의 목적을 적어 놓습니다. 그리고 목적을 달성하기 위한 목표들을 주변 칸에 적으면서 목적과 목표를 연관 지어 시각화합니다.

만다라트는 총 81칸으로 구성됩니다. 이 칸들에 자신의 목적과 목표를 적어 넣으면서 자신이 잘하는 점과 부족한 점을 파악하고 보완하며 밸런스를 맞춥니다.

제 만다라트를 참고해서 자세히 설명해 보겠습니다.

K-MIND	멋진 사람	자신돌봄	외모	의식	결핍, 열등감	나	사랑의 이해	사랑의 태도
콘텐츠 확산	8.자아실현	가정돌봄	돌봄	1.나, 자신	예민, 게으름	가족	2.사랑	효능감
선한영향력	마인드 피티	이타심	소중함	기쁨,즐거움	행복	일	기다림	소중함
게으름 극복	밸런스	배우자	8.자아실현	1.나, 자신	2.사랑	선택	긍정	감사
시스템구축	7.집중	콘텐츠	7.집중	생존, 번식 자아실현	3.마음의 근육	사랑	3.마음의 근육	극복
회의	운동	자녀	6.돈	5.건강	4.인간관계	자존감	현명함	에너지
목적	공부	일	눈바디	달리기	헬스	돌봄	아들	배우자
미래	6.돈	부동산	BMI	5.건강	음식	사랑	4.인간관계	부모님
유지	소비	주식	정신	건강검진	휴식	친구	친동생	친정식구

3 | 마인드피티 만다라트 작성 방법

가장 먼저 중앙에 인간의 공통 목적인 생존, 번식, 자아실현을 적어 넣습니다.

그다음 목적을 달성시킬 네 가지 목표인 돈, 건강, 인간관계, 자아실현을 채워 넣습니다. 여기에 마음의 성장을 위해 필요한 '자신에 대한 이해', '사랑', '마음의 근육'을 더하고, 이들을 수행할 때 자신에게 부족한 부분을 알려줄 '집중'까지 채워 넣어 중앙 9칸을 완성합니다.

중앙 9칸의 목적과 목표를 달성하기 위한 구체적인 내용은 어떻게 작성할까요? 화살표를 따라 이동한 후 주변 칸을 확장하여 구체적인 사항을 작성하면 됩니다.

여기서 중요한 점이 있습니다. 만다라트에서 진한 음영으로 채워진 칸은 자신의 성장을 위한 공통된 목적과 목표이므로 고정으로 작성합니다. 이를 실현시킬 구체적인 방법과 방향은 주변의 흰색 칸에 작성하면 됩니다.

작성 순서는 12시 방향의 '나, 자신'을 시작으로 시계 방향으로 진행합니다.

① 나, 자신

자신의 몸과 마음 성장을 위한 첫 단계는 나 자신을 잘 아는 것부터 시작합니다. 자신을 잘 안다는 것을 다른 말로 자기 객관화, 메타인지라고 하는데, 이는 인간이 태어날 때부터 가진 능력이 아닙니다. 학습과 훈련을 통해 얻어지는 능력입니다.

이를 위해 별도로 목표를 정하고 배우고 연습하는 시간을 가져야 합니다. 자신은 어떤 사람인지 고민하여 항목을 적어 넣고, 자신의 마음을 알아차리는 연습과 달리기를 통해 나를 인지하고 특정하면서 빈칸을 채워갑니다.

② 사랑

사랑은 마음의 언어로 반복된 훈련을 통해 얻을 수 있습니다. 제대로된 사랑을 배우지 않은 사람에게 사랑은 눈에 보이지 않는 개념이기 때문에 어렴풋한 생각이나 흐릿한 느낌으로만 존재합니다.

만다라트를 통해 사랑하는 대상을 특정하고 사랑의 태도를 훈련하고 행동하면, 여러분도 사랑과 사랑의 태도를 습득할 수 있습니다. 사랑 항목에는 사랑의 태도와 대상, 그리고 사랑의 태도를 행동했을 때 나타나는 현상과 효능감을 작성합니다.

③ 마음의 근육

몸의 근육이 자신이 원하는 방향으로 몸을 움직일 때 필요하듯, 마음의 근육은 마음가짐을 행동으로 이어지게 하는 에너지를 얻기 위해 반드시 필요합니다. 마음이 씩씩하고 단단해지기 위해서는 사랑, 긍정, 감사, 현명함, 선택을 훈련해야 합니다. 이를 통해 자존감이라는 마음의 근육을 얻을 수 있습니다.

④ 인간관계

행복한 삶을 위한 첫 번째 요소는 인간관계입니다. 인간이 태어나면 가장 먼저 엄마와의 만남이라는 인간관계를 가지면서 삶이 출발하기 때문입니다. 삶의 본질이라고 할 수 있는 인간관계가 점점 엉망이 되어 가는 까닭은 무엇일까요? 인간은 언제나 자신을 가장 우선하는 본능을 가지고 있고, 이것이 이타심과 충돌하여 갈등이 생겨나기 때문입니다. 이를 극복하기 위해서는 부모는 자식을 사랑할 줄 알아야 하고, 연인 또는 부부 관계에서 서로를 사랑할 수 있어야 합니다. 자신을 우선하는 본능과 이타심 사이에서 충돌하는 문제는 사랑이라는 고도의 정신 작용을 활용하여 대응하고 극복할 수 있습니다.

만다라트를 통해 ①자신을 알고, ②사랑의 태도를 익히고, ③단단한 마음을 가진 채 사랑하는 대상을 대하면 인간관계는 온전해집니다. 만다라트 작성 방법은 현재 자신과 관계하는 가장 중요한 사람 또는 반려동물의 이름을 적어 넣습니다. 이들을 사랑한다는 것은 이들로부터 사랑을 받는 것이 아닙니다. 자신이 대상에게 마인드피티에서 말하는 사랑의 태도를 행동하여 대상에게 온전한 도움과 돌봄을 주는 것을 의미합니다.

⑤ 건강

건강이 무너지면 모든 것이 무너진다는 것은 너무나 잘 알고 있습니다. 하지만 현재 건강하다고 평생 그럴 것이라는 무지 때문에 준비하지 않다가, 40대 이후 건강이 안 좋아지면서 급격하게 삶이 무너지는 경우가 많습니다. 이러한 불상사를 막기 위해서는 반드시 건강한 식단과 운동을 공부하고 실행을 지속해야 합니다. 만다라트를 활용해 구체적인 식단, 운동 종목, 스케줄을 작성합니다.

⑥ 돈

돈은 인간의 생존에 있어 필수 요소입니다. 우리가 돈을 버는 목적이 무엇인지 인지하고, 어떻게 돈을 벌고 자산을 형성하고 지속해 나아갈 것인지에 관한 요소들을 각자의 상황에 맞추어 키워드로 작성합니다.

⑦ 집중

만다라트에 작성한 여러 목표와 계획들을 수행하다 보면, 어떤 항목은 잘되고 어떤 항목은 잘 안되는 경우가 발생합니다. 게으름, 귀찮음 또는 외부적인 요인에 영향을 받아 실행이 어려운 부분이 생기는 것입니다. 이때 잘 안되는 항목을 집중 칸에 작성하고 특별하게 신경 쓰기 위해 기록합니다.

⑧ 자아실현

인간의 생존은 오롯이 자신만을 위해 살아간다고 완성되지 않습니다. 우리는 가정과 사회에서 타인과의 관계를 통해 온전한 삶을 살아갈 수 있도록 시스템화되어 있습니다. 관계 시스템에서 인간의 자아실현은 자신이 좋아하는 무언가를 넘어서, 가정과 사회에 자신의 능력을 활용하여 꽤 쓸모 있는 이타적인 행동을 할 때 실현됩니다. 인정과 존경을 받을 때 비로소 자아실현을 이루는 것입니다. 이를 위해서 나는 어떤 능력을 가지고 가정과 사회에 도움이 되는지를 알아야 합니다. 만다라트에는 많은 사람에게 도움이 되기 위해 나는 어떤 콘텐츠가 준비되어 있고, 자신은 어떤 사람이 되고 싶은지에 관한 내용을 작성합니다. 특히 자아실현은 나 자신을 깊이 있게 알아 가는 과정을 거쳐야만 실현 가능한 항목입니다. 따라서 1번 '나, 자신' 항목 훈련을 게을리해서는 안 됩니다.

만다라트의 작성 및 수정은 한 달 또는 두 달에 한 번, 첫째 주에 진행합니다.

작성 과정에서 삶의 목적과 목표를 점검하다 보면, 특정한 생각과 행동이 잘되지 않는 것을 발견할 수 있습니다. 이 부분은 주석을 달아 이유와 극복 방안을 추가로 작성합니다. 마인드피티 네이버 카페에 만다라트 작성이 누적되면, 자신의 현재 상태와 방향성을 쉽게 볼 수 있게 됩니다. 너무 과하거나 부족한 부분을 수정하면서 마음의 밸런스를 조절할 수 있습니다. 처음에는 만다라트 작성에 시간이 오래 걸립니다. 하지만 모든 단계가 마음의 언어로 자신의 마음에 붙는다면 5분 내로 모든 사항을 검토할 수 있게 됩니다. 달리는 동안에도 빠르게 검토할 수 있을 정도로 속도가 빨라지기 때문에, 지속해서 작성하는 훈련을 해야 합니다. 만다라트를 작성할 때 개인의 메모장을 활용해서 연습해도 상관없지만, 마인드피티 네이버 카페를 이용해 연습하길 권장합니다. 마인드피티에서는 추후 만다라트를 포함한 마음 성장의 기록들을 종합해서 마음 증명 시스템을 구축할 예정입니다. 이를 활용해 좋은 사람들끼리 연결할 때 데이터로 사용될 예정입니다.

[스텝 6]
매일 아침 마인드피티 루틴

건강을 위해 달리기, 헬스, 요가 등 운동을 하기 전에 우리는 스트레칭을 합니다. 몸을 유연하게 만들어 부상을 방지하고 운동을 보다 효율적으로 수행하기 위해서입니다. 우리의 마음을 성장시키기 위한 마음 운동을 할 때도 이와 마찬가지로 밤새 멈췄던 뇌를 깨우기 위한 마음 스트레칭이 필요합니다.

마음 스트레칭은 매일 아침 일어나 3분 정도 시간을 들여 자신을 살펴보고, 오늘 하루 동안 어떤 마음의 태도를 가질지 대략적으로 생각하는 시간을 의미합니다. 저를 포함한 제 주변 사람들은 매일 아침 마인드피티 루틴이 달리기와 함께 가장 직접적으로 자신의 마음 성장에 도움이 되는 효능감을 경험했습니다. 단 3분의 투자로 하루 전체의 마음 상태가 달라지는 것을 느낄 수 있었습니다.

여러분도 자신의 마음 성장을 위해 아래 항목을 순서대로 매일 아침 점검하고 생각하는 루틴 훈련을 하시기 바랍니다. 처음에는 익숙하지 않아 시간이 걸릴 수 있지만, 반복하다 보면 자연스럽게 몸에 배어 3분 안에 모든 과정을 마칠 수 있게 됩니다.

1 | 의식 이동 연습

우리의 태도가 자신의 생각과 다르게 나타나는 가장 큰 이유는 자신의 의식이 늘 부정적인 생각과 감각에 집중된 상태로 유지되기 때문입니다. 의식이 화, 결핍, 불안 등의 감정에 집중된 상태에서 의식을 감정과 멀리 이동시키는 것만으로도 감정의 크기가 확 줄어들게 됩니다.

이를 우리는 메타인지라고 부릅니다. 메타인지는 감정 조절 능력뿐만 아니라 자신이 누구인지 알 수 있게 하는 능력을 가지고 있어서, 마음의 성장을 위해서는 반드시 필요한 마음의 기술입니다. 메타인지는 곧 자신의 의식을 자유롭게 이동시키는 능력을 말합니다. 이렇게 중요한 의식의 이동 기술은 매일 아침 잠깐의 훈련만으로도 충분히 쉽게 습득할 수 있습니다.

눈을 감고 가상의 점이 인중에 있다고 생각하며 정신을 집중합니다. 그러면 실제 점은 아니지만 가상의 점이 느껴지는데, 이런 상태를 '의식을 가졌다'고 합니다. 인중에 있던 의식의 점을 발끝으로 보내서 발끝의 감각을 느껴 봅니다. 이렇게 의식의 점을 숨 쉬는 상태, 심장의 소리, 몸에서 불편한 부위 등 여러 곳에 집중하면서 의식의 이동을 연습할 수 있습니다.

자신의 몸에서 의식의 점 이동이 쉬워지면, 의식을 자신 밖으로 꺼내서 자신의 물건에 집중해 보고 사랑하는 가족에게 집중해 보면서 범위를 확장하는 연습을 합니다. 잠에서 일어나서 하는 마인드피티 의식 연습은 특정한 행동을 목적으로 두고 하는 것이 아닙니다. 단지 의식이 이동하는 것을 살펴보는 것만으로도 충분합니다.

2 | 문제의식 갖기

영화 「베테랑」에서 악역인 조태오라는 인물이 이런 대사를 합니다. "문제를 삼지 않으면 문제가 안 되는데, 문제를 삼으면 문제가 된다 그랬어요." 이 대사가 나오는 장면은 회사에 문제가 발생했는데 이를 덮으려고 할 때입니다.

저는 이 대사를 늘 마음속에 가지고 있습니다. 하지만 저는 조태오와는 달리 문제를 회피하지 않습니다. 오히려 제가 가진 문제를 늘 상기시켜 대응하고 극복함으로써 성장하려 합니다. 자신이 가진 문제를 의식하지 않으면, 인간의 뇌는 골칫거리인 '문제라는 생각'을 덮어 버리는 성향을 갖고 있습니다. 그래서 살면서 문제가 해결되기는커녕 곪아서 터져 버리면서 더 큰 불행으로 이어지게 됩니다. 우리는 조태오와 반대로 자신의 문제를 문제 삼아야 합니다. 자신이 가진 문제들에 적극적으로 대응하고 극복해야 마음이 성장할 수 있습니다. 이때 주의해야 할 점은 문제의식을 가지면서 자신이 별로인 사람이라는 확인을 하고자 함이 아니라는 것입니다. 문제를 대응하고 극복하기 위한 목적임을 확실히 하면서 연습해야 합니다.

제 경우 게으름, 결핍, 알코올 중독 등 큰 문제가 있었습니다. 이 문제들을 극복하지 않고서는 제 삶이 온전한 상태까지 절대 도달하지 못할 것을 잘 알고 있었습니다. 그래서 매일 아침 제 문제를 의식하는 루틴을 집어넣음으로써, 하루 동안 이 문제들이 발생했을 때 대응하고 극복할 수 있게 되었습니다. 이처럼 여러분도 오전에 의식의 이동 연습을 하고 나서 자신만의 문제를 점검하는 훈련을 합니다. 제가 매일 오전에 마음속으로 문제의식을 갖는 생각 훈련의 예를 들어 보겠습니다.

"오늘도 나는 게으름, 결핍의 마음 때문에 내가 해야 할 일들을 미루고 안 할 수도 있어! 이건 내 삶을 온전한 상태로 만드는 데 큰 문제가 되고 있어! 그리고 저녁에 또 술이 먹고 싶어질 거야. 내 건강을 위해서 그리고 가정을 돌보기 위해서는 술을 마시지 않겠어!"라며 문제를 의식하고 다짐했습니다. 처음 훈련할 때는 문제의식을 가지는 것만으로는 제 문제에 100% 대응하지 못했습니다. 하지만 시간이 쌓일수록 상당 부분 문제를 극복할 수 있었고, 현재는 수년째 금주할 수 있게 되었습니다. 이처럼 여러분도 평소 가진 문제들을 간단하게 언급하고,

3 | 마음 알아차리기

마인드피티 프로그램에서 처음으로 해야 하는 마음 운동은 '자신의 마음 알아차리기'이지만, 바쁘게 하루를 보내다 보면 마음 알아차리기가 쉽지 않습니다. 그렇기 때문에 아침에 '마음 알아차리기를 하겠다'고 다짐하는 것만으로도 우리 뇌 한구석에 미션을 갖는 무의식이 생겨납니다. 이를 통해 일상에서 자신의 마음을 알아차리는 것이 한결 쉬워집니다.

연습 방법

"나는 오늘 하루 동안 여러 이벤트에 대해 내가 느끼는 감정을 알아차리고, 마음을 알아차렸을 때 마음에서 어떤 변화가 생겨나는지 살펴보겠어!"라고 다짐합니다.

4 | 자신과 가족에 대한 소중함을 확인 후 사랑을 표현

인간의 생존과 번식을 수행하기 위해 DNA는 우리에게 끊임없이 명령을 한다고 앞에서 설명드렸습니다. 이 명령 중에는 우리 스스로에게 '소중함'이라는 느낌의 동기부여를 통해 스스로 어려운 행동을 할 수 있게 하는 것이 있습니다.

'소중함'은 특별하게 생각하지 않아도 느껴지는 감정이지만, 의식하고 표현하는 것만으로도 느낌을 증폭시킬 수 있습니다. 자신과 가족에게 더욱 크게 생긴 소중함이라는 감정은 자신과 가족을 정성스레 돌볼 강력한 동기부여가 됩니다. '소중함'이 커지면 자신과 가족을 사랑해야 할 이유가 되고, 어려운 사랑의 태도까지 행동할 수 있도록 하는 중요한 기제입니다. 매일 아침 자신과 가족을 생각하며 소중함을 확인합니다.

"이 세상에서 가장 소중한 존재는 '나'와 '가족'이야!"

5 | 사랑의 태도 확인

자신과 가족은 이 세상에서 가장 소중한 존재이기 때문에 사랑합니다. '사랑한다'는 것은 반드시 그에 해당하는 사랑의 태도가 행동으로 이어져야 완성됩니다. 사랑하는 자신과 가족에게 행동해야 할 사랑의 태도 다섯 가지를 생각합니다.

"나와 가족을 사랑하기 위해서는 사랑의 태도를 행동해야 해! 나와 가족을 믿고, 잘 살펴보고, 대화와 질문을 하여 잘 알려 주고, 희생하고, 기다리겠어!"

6 | 긍정과 감사

긍정과 감사의 마음은 현명한 생각의 깨달음과 자신에게 증폭된 에너지를 갖게 합니다. 이를 위해 우리는 긍정과 감사의 생각과 마음을 훈련해야 마음 플랫폼에 담아집니다. 오전 마인드피티 루틴에서 긍정과 감사의 생각을 하면, 하루 동안 여러 이벤트에서 긍정과 감사의 마음을 갖는 마중물이 되어 큰 도움이 됩니다.

"오늘 온전하게 하루를 시작할 수 있어 감사해! 하루 동안 많은 일이 있겠지만 늘 긍정적이고 감사하게 생각하려고 하겠어!"

7 | 계획했던 일, 운동 일정 점검

루틴 6번까지 마음을 다짐하고 점검했다면, 마지막으로 오늘 해야 할 일과 운동 스케줄을 점검합니다. 하루 동안 일에 대한 경중을 판단해서 중요한 일부터 어떻게 처리할지 생각해 봅니다. 운동과 식단에 대해서도 함께 점검해서 놓치지 않아야 합니다.

예를 들어 "오늘은 오전에 미팅 후, 글을 4페이지가량 쓰고, 아이 픽업하기, 아내가 퇴근하면 달리기 8km, 저녁은 닭가슴살에 밥 먹고 휴식,

매일 아침, 잠에서 일어나서 일곱 가지 생각을 훈련합니다. 아침에 하는 루틴은 평소에 하지 않던 생각들이기 때문에 어색하고 부끄러운 느낌이 들 수 있습니다. 하지만 연습하다 보면 익숙해져서 아무렇지 않게 되고, 길어도 3분 내로 끝낼 수 있습니다.

이렇게 오전에 일곱 가지 생각을 점검하고 자신에게 미션을 던지면, 우리의 뇌는 이를 해야 할 일로 인지하여 머릿속 한구석에 자리 잡습니다. 그리고 미션을 수행할 때까지 명령을 내려 하루 동안 마음 성장에 필요한 행동을 잊지 않게 할 것입니다.

8 | 마인드피티 연습 프로그램 정리

마음을 성장시키기 위한 마음 운동 프로그램 '마인드피티'는 총 여섯 개의 스텝으로 구성되어 있습니다. 이 여섯 개 스텝은 크게 세 가지 형태로 나뉩니다. 바로 ① 생각과 기록, ② 달리기, ③ 매일 아침 루틴입니다.

① 생각과 기록 단계에서는 마음 알아차리기, 사랑의 태도 익히기, 긍정과 감사 익히기를 통해 자신이 누구인지 알게 됩니다. 마음의 언어를 습득하여 자존감을 회복하고 마음의 근육을 키워 성장할 수 있습니다.

② 달리기를 통해서는 마음이라는 눈에 보이지 않는 개념을 직관적으로 알 수 있게 됩니다. 달리는 동안 자신을 살펴보면서 사랑의

태도를 스스로에게 적용하여 달리다 보면, 자신을 사랑하는 법을
자연스럽게 익히게 됩니다.
③ 매일 아침 루틴은 스마트폰 메모장에 적어 놓고 아침마다 일곱 가
지 항목을 천천히 생각하면서 마음을 점검하고 정리합니다. 이렇
게 하면 하루 동안 마음 성장을 위한 행동을 쉽게 할 수 있습니다.

마음을 성장시키기 위한 마인드피티 프로그램을 처음 접하면 양이 많
고 어려운 개념이 많아 힘들 수 있습니다. 하지만 하나씩 연습하다 보면
훈련 시간이 짧아지면서 습관이 되고, 시간도 단축할 수 있으니 너무 염
려하지 마세요. 천천히 스텝을 밟아 가다 보면 자연스럽게 자신을 사랑
하는 태도를 가지게 될 것입니다.

9 | 마인드피티 카페에서 자신의 마음 운동 훈련을 해야 하는 이유

책을 집필하는 동안 마인드피티 네이버 카페도 함께 만들고 있습니다.
따로 마인드피티 카페를 만들어 운영하려는 이유는, 마음 운동 훈련을
지속해서 연습하기 위해서는 초인적인 의지가 요구되는데, 저를 포함한
여러분은 초인이 아니기 때문에 옆에서 누군가의 도움이 절실히 필요하
기 때문입니다. 주변을 둘러봐도 마음 운동이라며 코칭을 하거나 함께
연습할 사람은 찾기 어려울 것입니다. 더욱이 마음 운동을 하기 위해서
는 조금 이상한 이야기를 해야 할 때도 있습니다. 가령 "나는 나를 성장
시키겠어.", "나의 불안한 마음에는 이러한 것들이 있어.", "나는 이런 면
에서 참 별로인 사람이야.", "그럼에도 불구하고 사랑하겠어.", "나는 나
자신을 사랑하겠어." 등 손발이 오그라드는 이야기를 해야 합니다. 하지

만 주변 사람을 붙잡고 이런 이야기를 늘어놓으면 이상한 눈빛으로 쳐다볼 것이 뻔하고, 자칫 오해받거나 민망한 상황이 될 수 있습니다. 속시원하게 이러한 주제를 가지고 대화를 주고받을 사람이 있어야 동기부여가 되어 자신을 성장시키기 위한 훈련을 지속할 수 있습니다. 바로 이 지점에서 마인드피티 카페의 필요성이 생깁니다.

마인드피티 네이버 카페는 자신의 마음을 성장시키기 위한 사람들이 모여, 이상한 소리 같아 보이는 말들을 아무렇지 않게 글로 쓰고 응원받을 수 있는 공간입니다. 같은 목표를 가진 사람들과 함께 훈련하고, 서로의 성장을 격려하며, 때로는 어려움을 나누고 조언을 구할 수 있는 곳입니다. 그리고 추후에는 좋은 태도를 갖춘 사람들끼리 연결해 주는 플랫폼의 역할을 하게 될 것입니다. 만약 여러분이 자신을 사랑하고 좋은 태도를 갖기를 희망한다면, 카페에서 소통하며 마음 운동을 훈련하는 것이 큰 도움이 될 것입니다.

MIND MOVEMENT
마인드피티

카페정보	나의활동

마코 매니저
2025.11.02. 개설
카페소개

⚙ 카페관리   📊 통계

🌱 씨앗3단계

👥 1   초대

카페 글쓰기

카페 채팅

[검색]

★ 즐겨찾는 게시판   ▼

- 전체글보기   24
- 인기글

파트1 - 마인드피티

- 카페 운영 및 공지 안내글
- 마인드피티 스터디 🆕
- 마코의 생각
- 사례모음
- 마인드피티 트레이너 아카데미
  (준비중)

파트2 - 커뮤니티

- 자기소개
- 자유게시판
- 마인드피티 후기
- 마음이 궁금해요! Q&A
- 마음성장 자료실
- 마코의 질문

파트3 - 트레이닝

- 문제의식 / 마음 알아차리기
- 사랑의 태도 / 마음의 언어
- 달리기
- 긍정 / 감사 / 목적 / 목표
- 아침루틴

파트4 - 연결 (준비중)

최근 댓글 · 답글
최근 댓글 · 답글이
없습니다.

🤖 궁금한게 있을 땐
카페 스마트봇

카페 좋아요 릴레이 3주차 시작! 매주 쏟아지는 페이포인트 받아가세요   [자세히보기>]   ✕

전체글보기   더보기 >

	글	작성자	날짜	조회
공지	👟 마인드피티가 필요한 사람	마코	2025.11.11.	0
공지	✨ 마인드피티를 통한 마음운동의 효과와 베네핏	마코	2025.11.10.	0
공지	🏃 마음운동, 이 순서대로 시작하세요	마코	2025.11.10.	4
공지	⚠ 마인드피티 카페 이용 주의사항	마코	2025.11.09.	0
공지	(필독) 마인드피티 카페 이용 안내	마코	2025.11.09.	0
공지	마인드피티 카페에 오신 것을 환영합니다.	마코	2025.11.09.	0
•	스터디 3-4. 카르마 🄝	마코	15:50	0
•	스터디 3-3. 마음의 근육 🄝	마코	15:35	0
•	스터디 3-2. 자존감 🄝	마코	10:07	0
•	스터디 3-1. 인간에 대한 이해 🄝	마코	10:01	0
•	스터디 3. 왜? 문제가 생겼을까 🄝	마코	09:53	0
•	스터디 2. 문제의식 🄝	마코	09:49	2
•	안녕하세요! 마인드피티 마코입니다. 제 소개부터 먼저 할게요.	마코	2025.11.13.	0
•	스터디 1. 마음의 이해 😊	마코	2025.11.13.	19
•	🏃 마인드피티 스터디 게시판 이용 안내	마코	2025.11.12.	0
•	🙋 자기소개 게시판 이용 안내	마코	2025.11.12.	0
•	🌅 아침루틴 게시판 이용 안내	마코	2025.11.12.	0
•	✨ 긍정/감사/목적/목표 게시판 이용 안내	마코	2025.11.12	2
•	🏃 달리기 게시판 이용 안내	마코	2025.11.12.	3
•	💬 사랑의 태도 훈련법: 마음의 언어를 습득하는 여정	마코	2025.11.11.	0
•	🔍 문제의 근원을 찾는 법: 진짜 문제의식을 발견하는 훈련	마코	2025.11.11.	0
•	🔍 문제의식/마음알아차리기 게시판 이용 안내	마코	2025.11.11.	1
•	💬 마음이 궁금해요 게시판 이용 안내	마코	2025.11.11.	0
•	💬 마인드피티 후기 게시판 이용 안내	마코	2025.11.11.	0
•	👟 마인드피티가 필요한 사람	마코	2025.11.11.	0
•	✨ 마인드피티를 통한 마음운동의 효과와 베네핏	마코	2025.11.10.	0

176

5장

마인드피티 로드맵
- 회복, 성장, 재미,
증명, 연결, 의미

• • •

　마음 운동 프로그램 마인드피티를 훈련하면 마음의 성장을 경험하게 됩니다. 이 성장 과정에서 자신이 누구인지 알 수 있게 되고, 문제의식을 파악하고 극복하면서 충족감과 충만감을 경험하게 됩니다. 여태 느껴보지 못했던 새로운 감정들이 찾아옵니다. 자신이 꽤 쓸모 있는 인간이라는 것을 느끼는 기쁨, 그리고 그 기쁨 속에서 삶이 재미있어지는 경험을 하게 됩니다.

　이번 장에서는 마인드피티를 훈련하면 구체적으로 자신이 어떻게 성장하는지에 관한 로드맵을 제시합니다. 그리고 성장 단계마다 여러분이 어떤 베네핏을 얻게 되는지, 각 단계에서 무엇을 기대할 수 있는지에 대해 자세히 설명하겠습니다.

☀

1단계 – 회복

1 | 자신의 몸과 마음이 편안한 상태로 회복

인간의 삶에 있어 어려움을 겪는 대부분의 이유는 사회 시스템의 결함, 타인에 의한 괴로움 등 외부적 요인인 것 같지만, 문제들을 더 깊이 들여다보면 자신의 문제라는 다른 그림이 보입니다. 개인의 낮은 자존감, 결핍과 열등감, 단단한 마음의 부재로 게으름을 극복하지 못해 생기는 무기력감과 무지에 의한 욕심이 채워지지 않는 마음 등으로 괴로움이 발생하는 것을 알 수 있습니다.

이러한 부정적인 마음은 어느 날 갑자기 생겨난 것이 아닙니다. 어릴 때부터 긍정의 마음을 배우지 못한 환경과 수많은 마음의 상처들이 쌓여 무의식으로 자리 잡으면서 형성된 것입니다. 특히 사랑이라는 마음의 언어를 제대로 배우지 못한 부정적인 카르마를 가진 부모의 영향이 가장 크게 작용합니다.

제대로 된 사랑을 받고 자라지 못한 사람은 낮은 자존감, 결핍과 열등감, 자신을 믿지 못하는 등 마음의 근육이 제대로 형성되지 않기 때문에 마음먹은 것들을 제대로 수행하지 못하면서 삶에서 많은 문제가 나타납니다. 마치 몸에 근육이 하나도 없으면 제대로 서 있을 수도 없는 것처럼, 마음의 근육이 없으면 스스로 문제를 해결할 수 없는 상태가 됩니다. 그래서 우리는 이러한 문제를 해결하기 위해 제대로 된 사랑의 태도를 가지고 자신을 사랑하는 법을 배우고 연습해야 합니다. 이를 통해 낮은 자존감, 결핍과 열등감의 부정적인 마음으로부터 높은 자존감과 자신을 소중히 여기고 긍정적인 마음으로 회복될 수 있습니다.

마인드피티 프로그램을 시작하면 가장 먼저 자신을 객관적으로 들여다보는 능력인 메타인지가 생겨나는 것을 발견하게 됩니다. 자신을 있는 그대로 볼 수 있게 되면 나 자신이라는 대상이 특정되기 때문에 자신에게 처한 여러 문제를 정의할 수 있게 되고, 이를 대응하고 극복하는 과정에서 자신을 소중하게 여기게 되며 자신을 긍정하게 됩니다.

반대로 '나' 자신이라는 대상에 대해 어렴풋이 알고는 있지만 정확하게 '나'라고 특정하지 못하면, '나'라는 자아보다 선명한 여러 감정과 감각에 집중하게 됩니다. 예를 들어 자신을 특정하지 못하기에 나를 소중하게 생각하는 행위인 운동이라는 아주 고된 일을 하지 못하고, '맛있다'라는 감각에 몰입하여 과당이 많이 섞인 음식에 집착하는 일이 발생합니다.

어떤 부모도 갓 태어난 아기에게 과당이 많이 든 음식을 먹이지 않습니다. 사랑의 대상이 명확하고 아주 소중한 존재이기 때문에 함부로 대하지 않는 것입니다. 이처럼 자신도 갓 태어난 아기와 같이 특정되고 아주 소중한 존재라고 여겨 자신을 사랑한다면, 그 태도는 몸에 해로운 것들은 멀리하고 건강에 좋은 행위를 주로 하게 될 것입니다.

자신이 어떤 사람인지 특정하고 자신을 긍정하고 소중하게 생각하면 자신을 사랑하는 태도를 행동할 수 있게 되고, 자아 존중감은 점점 회복됩니다. 자아존중감, 자존감의 회복은 텅 비어 있던 마음이 긍정의 마음으로 채워지면서 자신을 괴롭히던 결핍, 열등감, 시기심, 욕심 등 부정적인 마음으로부터 해방되는 것을 의미합니다. 그리고 이 과정을 통해 마음은 회복되고 편해집니다.

마인드피티에서는 사랑의 태도를 연습하는 방법으로 달리기를 제안했습니다. 달리기를 하면 직관적으로 자신을 사랑할 수 있게 되어 마음이 채워지는 효과와 더불어, 평소에 건강이 좋지 않던 사람이라면 지속적인 달리기를 하고 대략 6개월 정도 지나면 눈에 띄게 건강이 회복되는 경험을 하게 됩니다.

제 경우 30대 중후반까지 허리와 목 디스크에 문제가 있어 수시로 통증과 함께 제대로 움직이지 못하는 경우가 있었고, 두통이 평소에 자주 발생했습니다. 위와 대장에도 서서히 문제가 생기기 시작해 역류성 식도염과 혈변이 빈번하게 발생하는 몸 상태였습니다. 이런 상태가 지속된다면 큰 병을 얻게 되었겠지만, 다행히 이 시기부터 달리기를 시작해서 40대 중반의 나이인 지금은 노화로 인한 약간의 피로감을 제외하면 30대 초반의 건강한 상태로 회복되었습니다.

이는 느낌적인 느낌이 아닙니다. 매년 종합검진을 받을 때마다 의사 선생님께서 또래 나이에 비해 관리가 아주 잘 되고 있다는 칭찬을 받습니다. 이처럼 여러분도 마인드피티 프로그램을 지속하면 자신의 몸과 마음이 건강한 상태로 회복되어 활력과 생기를 되찾아 건강한 '나'를 경험하게 될 것입니다.

2 | 가정의 회복

속담에 '곳간에서 인심 난다'라는 말이 있듯이, 자신이 풍요해야 나눔도 가능한 것처럼 마음도 마찬가지입니다. 결핍과 열등감 그리고 낮은 자존감이 자리하면 타인에게 온전한 사랑을 줄 수 없습니다.

마인드피티를 연습하면 자신을 사랑할 수 있게 되어 스스로 마음을 채우게 됩니다. 마음이 가득 채워지는 높은 자존감을 가지면 더 이상 결핍과 열등감은 문제되지 않고, 자신이 사랑하는 사람에게 온전하게 사랑의 태도로 행동할 수 있게 됩니다.

예를 들어 아이를 키우는 부부가 있는 가정에서 가족 간의 관계가 엉망인 경우를 생각해 봅시다. 이런 가정에서는 부부가 서로의 감정을 채우기 위해 상대에게 무리한 요구를 하거나 불쾌한 언행으로 감정이 악화되는 일이 빈번히 발생합니다. 이때 부부 중 한 사람이라도 자존감이 높은 상태로 몸과 마음이 회복된 상태라면, 사랑하는 가족에게 지속적으로 사랑의 태도로 행동함으로써 망가진 관계를 서서히 회복할 수 있습니다.

저는 종종 금쪽이 상담소를 시청하는데, 다양한 가정 상황을 보면서 대부분 부부의 문제가 자녀의 문제로 확장되는 것을 알 수 있었습니다. 문제가 있는 가정의 경우 근본적인 문제는 부부가 각자의 주장만을 가지고 상대를 전혀 사랑하지 않고, 심지어는 자녀를 사랑하지 않는 것과 같은 태도를 가지기도 합니다.

이런 상황에서 오은영 박사님께서 다양한 솔루션을 알려 주시는데, 그 핵심에는 상대를 온전하게 사랑하라는 메시지가 항상 담겨 있는 것을 발견할 수 있습니다. 즉, 가족 간 관계에서 가장 기본적인 태도는 상대를 사랑하는 것에서 출발해야 합니다. 하지만 사랑이라는 마음의 언어를 배우지 못한 많은 부모님들은 사랑하는 마음은 있어도 행동을 하지 못해 가족 간의 관계가 무너지는 경우가 발생합니다. 무너진 가정환경에 대한 문제의식을 가진다면, 가장 먼저 해야 할 일은 자신을 사랑하는 태도를 연습해서 자존감을 회복하는 것입니다. 마음이 온전한 상태를 가지고 배우자와 자녀 그리고 부모님을 사랑하게 되면, 무너졌던 관계가 조금씩 회복될 것입니다.

3 | 경제력 회복

사랑을 통해 자신과 가족의 상태가 회복되면, 이때부터 본격적으로 돈을 잘 버는 것에 제대로 집중할 수 있습니다.

많은 사람이 돈을 잘 벌고 싶어도 그러지 못한 이유는 돈을 벌고 싶은 욕심과 마음은 있는데 막상 돈을 버는 행동을 하지 않기 때문입니다. 지금 유튜브에서 돈 버는 법을 검색해 보면, 다양한 돈 버는 방법들을 쉽게 찾아볼 수 있습니다. 그중에 자신의 상황에 맞는 방법을 찾아서 시도하고 연구하고 지속하다 보면, 운때가 들어왔을 때 부족하지 않을 만큼의 돈은 누구나 벌 수 있습니다.

다만 문제는 게으름이 생기고, 일에 대한 부정적인 생각들과 각종 영상, SNS에 시간을 뺏기고, 유흥과 취미 생활을 하느라 돈 버는 데 써야 할 노력과 시간을 다른 곳에 집중한다는 것입니다. 혹여 어찌해서 자신의 사업을 시작한다 하더라도 자신을 믿지 못하고 자신의 때를 기다리지 못해서 중도에 포기하는 경우도 생깁니다. 돈을 버는 것이 너무나 중요한 것임을 잘 알고 있는데 막상 돈 버는 행동을 하려고 하면 잘 안되는 이유도, 자세히 들여다보면 결국 자신의 낮은 자존감, 마음의 결핍, 욕심이 뿌리에 자리하고 있기 때문이라는 것을 알 수 있습니다.

이를 해소하기 위해서는 마인드피티에서 제시하는 마음을 알아차리고, 사랑의 태도를 가지고, 자신의 마음을 채워서 자신을 소중하게 여기는 것이 무엇인지 정확하게 인지해야 합니다. 그 후 자신이 하려는 일에 대한 긍정과 일을 하는 것에 대한 감사의 마음을 연습하면 마음의 근육이 생기게 됩니다. 마음의 근육은 돈을 버는 데 방해가 되는 여러 마음의 요소들을 대응하고 극복할 수 있게 해 줍니다. 그리고 돈 버는 일에 집중해서 공부하고 행동하고 지속할 수 있는 에너지를 가지게 됩니다.

사랑은 건강한 마음을 가지는 데 가장 근본적인 정신적 작용입니다. 사랑의 태도의 다섯 가지 기준을 가지고 생각과 행동을 해야 비로소 활성화되어 자신을 긍정하고 소중함을 갖게 됩니다.

마인드피티를 훈련하다 보면, 지금 당장 삶이 어렵거나 엉망이라고 느껴지더라도 사랑이라는 마음의 언어가 습득되면 결핍되고 열등감이 있는 마음, 망가졌던 몸, 불안정한 가정은 회복될 것입니다.

＊

2단계 – 성장

앞에서 사랑의 태도를 가지고 자신과 사랑하는 사람을 제대로 사랑하면 자신의 마음이 채워지고, 달리기를 통해 건강이 회복되며, 엉망이었던 인간관계들이 회복된다고 설명드렸습니다. 다만 회복이 되어 마음이 안심이 되는 정도이지, 삶이 기적적으로 변화되어 기쁨이 생기거나 행복한 삶이 되는 것은 아닙니다.

자신과 사랑하는 가족에 대해 마인드피티 프로그램을 멈추지 않고 지속하면 회복을 넘어서 성장을 경험하게 되는데, 어떤 성장의 경험을 하게 되는지 자세히 알려드리겠습니다.

자연에서 인간은 높은 지능과 협동을 기반으로 한 사회 구성을 고도화하면서 생존에 유리한 방향으로 진화했습니다. 이때 협동은 타인의 것을 뺏는 행위가 아닌 서로 도움을 주고받는 행위를 의미합니다. 그래서 인간에게는 기본적으로 내재된 감각 중에 타인을 도와줬을 때 기쁨을 느끼는 기제가 있습니다.

다만 협동에서 도움이라는 행위를 하기 위해서는 먼저 자신의 결핍이 채워져야 가능합니다. 사랑이라는 정신적 작용으로 마음을 채워 결핍을 해소하고 나서야 비로소 타인에게 도움이 되는 행위를 할 수 있습니다.

타인에게 도움이 되는 행위를 하기 전 우선되어야 하는 마음은 '공감'입니다. 타인에게 실질적인 도움이 되기 위해서는 상대에 대해 충분히 공감하고 나서 대상이 필요한 부분을 적절하게 판단해 행동해야 합니다.

공감은 '공감 지능'이라 불릴 만큼 인간관계에 있어 중요합니다. 공감 능력은 선천적으로 생기는 능력이기도 하지만 후천적으로도 충분히 형성됩니다. 높은 공감 지능에 후천적으로 가장 큰 영향을 주는 중요한 시기는 유아기부터 청소년기까지의 가정환경입니다. 이 시기에 부모님이 서로를 충분히 사랑하고 자녀에게 내리사랑을 실천하고, 거리낌과 옳고 그름에 대한 확실한 기준을 교육한다면 아이는 높은 공감 지능을 갖게 될 확률이 아주 높습니다.

하지만 불행하게도 많은 가정에서 아이의 마음이 결핍되고 열등감이 형성되도록 방치되는 경우가 많은데, 이런 환경에서 자란 아이는 어른이 되어서도 불행하게 삶을 살아가게 됩니다. 만약 본인이 어릴 때 충분한 사랑을 받지 못해 결핍과 열등감이 있고 공감 능력이 부족하다면, 마인드피티 프로그램을 지속해서 훈련하면 결핍되고 열등감이 있는 마음이 회복 단계를 넘어 성장하게 되며, 이때 '공감 능력'이 높아집니다.

사랑의 태도에서 제시한 기준을 가지고 지속해서 자신을 사랑하면 마음이 채워지는 충족감이 생깁니다. 마음이 가득 차서 더 이상 담을 수 없을 때 마음은 넘치는 상태가 되는데, 이때부터 타인의 기쁨, 슬픔, 어려움 등을 진정성 있게 인지할 수 있는 단계에 이르게 됩니다. 타인의 감정과 상황을 인지하고 그에 맞추어 자신이 가지고 있는 에너지를 줄 수 있는 상태를 '공감'이라 합니다.

공감하며 사랑하는 사람에게 말하고 행동을 하면 자연스럽게 관계는 좋아지는데, 이를 우리는 '소통'이라고 합니다. 인간관계의 기초는 공감과 소통입니다. 이 두 가지 행위만으로도 대부분의 관계는 좋은 상태를 유지하며 성장하게 됩니다. 상대의 마음에 공감하고 이야기를 들어주는 것만으로도 인간관계는 편해집니다. 인간관계에 대한 스트레스가 줄게 되면 자연스럽게 학업이나 일에 집중할 수 있게 되고, 장기적으로 좋은 결괏값을 가지게 되어 외형적인 성장을 할 수 있습니다.

마음의 성장은 여러분이 돈을 많이 버는 것에도 영향을 줍니다. 높은 자존감은 결핍과 열등감으로 인한 불필요한 소비를 줄여 시드머니를 쌓을 수 있게 되며, 회사생활에서 좋은 인간관계를 통해 직장의 안정을 가지게 되어 안정적인 현금 흐름을 가지고 부동산 및 금융 투자 기회를 얻게 됩니다.

많은 돈을 벌기 위해서는 결국 여러분은 자신의 아이템을 가지고 사업을 해야 합니다. 보통 사업을 할 때 가장 중요한 요소를 사업 아이템이라고 생각하기 쉽지만, 아이템보다 더 중요한 것은 게으름, 욕심, 두려움 등의 부정적인 마음을 극복하고 미래에 대한 긍정적인 태도를 가지는 것입니다.

그리고 사업에서 만나게 되는 다양한 사람들과의 관계를 우호적으로 가져가는 것, 자신의 아이템이 성공하기 위해서는 뛰어난 공감 능력으로 사람들의 니즈를 파악해서 제품과 서비스를 제공하는 능력을 갖추고 나서 그 위에 자신만의 아이템을 올려야 합니다. 자신의 좋은 태도가 준비되어 있고 아이템이 좋은 상태에서 운때가 들어오면 비로소 사업의 성공 확률이 높아집니다.

마음의 성장은 마음의 근육을 성장시켜 정신의 에너지를 생성합니다. 마음의 근육에서 나오는 정신의 에너지는 우리의 삶이 좋은 방향으로 갈 선택을 할 수 있게 합니다.

건강을 위한 운동, 식단, 휴식, 정신건강을 챙겨야 하는 여러 선택 앞에서 마음의 에너지가 없으면 게으름, 몸에 안 좋은 식단, 잠을 줄이고 유흥을 하는 등 자신의 말단 신경에서 내리는 명령에 이끌려 삶을 살게 되어 건강이 엉망이 됩니다.

반면 마음의 근육에서 나오는 정신 에너지는 운동하기 전 게으름을 극복할 수 있게 해 주고, 건강에 좋지만 맛없는 식단을 선택할 수 있도록 해 주며, 결핍으로 인해 유흥을 하고 싶은 마음을 뒤로하고 충분한 휴식을 취하는 선택을 할 수 있게 하여 우리의 몸을 건강하게 이끌어 줍니다.

몸의 근육 성장은 평소에 들 수 없던 물건을 들 수 있고, 피곤을 느끼더라도 회복 시간이 짧아 퍼포먼스가 증가하게 되는 이점을 가집니다. 이와 마찬가지로 마음의 근육을 성장시키면 공감 능력과 정신의 에너지를 얻게 되면서 여러 현명한 선택들을 하고 행동하여 온전한 삶을 살아갈 수 있는 여러 이점을 가질 수 있습니다.

3단계 - 재미

마인드피티를 진행하면 정신의 회복과 성장을 경험합니다. 마음의 성장 단계에 들어서면 삶이 뭔가 제대로 되어 가고 있다는 느낌과 생각을 하게 되면서 마음이 편안함을 느끼는 날이 많아지게 됩니다. 삶이 온전하고 마음이 편안한 날이 지속되면 자칫 무료하고 지루할 수 있겠다는 생각이 들 수 있지만, 마음의 성장 단계에서는 다음의 이유로 인해 삶이 무료하지 않고 재미가 있다는 것을 알 수 있습니다.

사람들은 SNS, OTT, 커뮤니티 등 여러 종류의 플랫폼에서 자신의 취향에 맞는 재미를 찾는데, 인간이 공통으로 재미를 느끼는 것은 바로 '나, 자신'입니다. 마인드피티 프로그램을 통해 자신의 마음을 알아차리고 '나'를 발견하려는 연습을 하면 '나'라는 사람이 어떤 사람인지 이해할 수 있게 되고 정의할 수 있게 됩니다. 자신의 무의식에 숨어 있던 판도라의 상자가 열려서 자신의 다양한 마음의 모습을 발견하게 됩니다. 무의식에는 부정적인 모습에서부터 밝고 긍정적인 모습까지, 성인처럼 고귀한 마음부터 추악한 마음까지 다양한 '나'를 마주하게 됩니다.

자신을 들여다볼 때 상처가 있고 결핍과 열등감이 있는 마음을 발견하면 자신의 마음을 위로하고 치유를 통해 회복할 수 있습니다. 자신의 문제를 발견하여 해결할 때 스스로 꽤 대견해하면서 재미를 느낍니다. 그리고 자신이 미처 알지 못했던 밝고 긍정적인 모습을 발견하면서 삶의 활기를 불어넣을 수 있습니다. 이처럼 마음의 회복과 성장 과정에서 자신이 알지 못했던 '나'를 발견하는 재미를 느끼면서 매번 새롭고 흥미가 생기는 즐거움을 맛볼 수 있습니다.

'고진감래'라는 사자성어가 있습니다. 이를 풀어 쓰면 '힘들고 고통스러운 일을 참고 견디면서 해내면 큰 기쁨이 온다'는 뜻입니다.

제가 초등학교 때 시골 할머니 집에 놀러 가면 동네 형들이 칡이라는 뿌리를 제게 주곤 했습니다. 그땐 어려서 거절하지 못하여 먹었는데, 첫맛은 흙냄새가 나면서 아주 쓰고 질겼습니다. 쓴맛에 뱉으려고 하니 동네 형이 제게 조금만 참고 더 씹어 보라고 했습니다. 그렇게 껌처럼 조금 더 씹자 향긋한 향이 올라오더니 입에서 설탕의 강렬한 단맛이 아닌, 은은한 단맛이 퍼지는 게 느껴지면서 계속 씹게 되는 신기한 맛이었습니다. 그다음부터는 시골에 놀러 가면 혼자서도 칡을 종종 캐서 먹은 기억이 있습니다.

마음 운동을 시작하면 감정과 감각을 제한하거나 힘든 달리기를 하게 되는 등 자신의 시간과 에너지를 희생하는 어렵고 힘든 일을 하게 됩니다. 힘든 마음 운동을 1년 이상 지속해서 진행하면 서서히 몸과 마음이 회복되고 조금씩 성장하는 것을 느낄 수 있습니다. 이 과정에서 자신의 마음을 쉽게 알아차리고 마음의 성장을 통해 정신의 에너지를 가지면서, 어느 날 갑자기 여러분은 깨달음이라는 현상을 경험하게 됩니다. 마음이 갑자기 밝아지고 또렷해지는 느낌을 가지게 되면서 앞으로 내가 어떻게 살아가야 할지 선명하게 그려집니다.

마치 어두운 길을 헤매고 있다가 도로에 가로등이 환하게 켜져 두려움이 사라지고 내가 어디로 가야 할지 명확하게 알게 되는 상황과 같습니다. 마음에서 깨달음의 상태가 되면 여태 자신을 괴롭혀 왔던 답답한 마음에서 벗어나 자신을 알아 가는 재미와 함께 자신의 마음이 밝아지는 쾌감을 경험하게 되는데, 바로 고진감래가 발현하는 순간입니다.

자신을 잘 알게 되고 깨달음을 통한 밝음을 다르게 표현하면 '현명함'이라 할 수 있습니다. 마음의 근육을 통한 정신의 에너지와 현명함을 가지면 삶에 있어 다양한 어려움을 씩씩하게 극복해 낼 수 있습니다. 여러 어려움을 극복해 가는 과정에서 여러분은 스스로를 대견해 하면서 인정욕구를 채워 갈 수 있습니다.

인정욕구는 자신이 꽤 쓸모 있고 괜찮은 사람이라는 걸 증명하고 싶어 하는 마음으로, 보통은 타인으로부터 칭찬을 받을 때 느낍니다. 인간은 욕구가 채워지지 않으면 무척 괴로운데, 인정욕구도 채워지지 않으면 이유 없이 마음에서 괴로움이 생겨납니다. 그래서 사람들은 기를 쓰고 넓은 집, 좋은 차, 명품을 입으려 하고 권력을 추구합니다. 인간에게는 누구나 강한 인정욕구가 있기 때문입니다.

문제는 외적인 부분에서 아무리 화려하게 치장해서 채우려 해도 끝내 채울 수 없는 인정욕구가 있다는 것입니다. 바로 부모로부터의 인정과 자기 스스로의 인정입니다. 부모로부터의 인정은 타고난 복이 있어야 가능하지만, 스스로의 인정은 사랑의 태도 훈련을 통한 성장으로 충분히 얻을 수 있습니다. 스스로 인정욕구를 충분히 채우면 타인의 시선으로부터 자유로울 수 있게 됩니다. 타인이 아닌 스스로를 진심으로 칭찬하고 인정하기 때문에 더 이상 타인으로부터의 칭찬 및 인정에 대한 갈증을 느끼지 않습니다. 그래서 보통 자존감이 높은 사람을 살펴보면 자신의 외모, 지위, 물건에 대한 욕심이 과하지 않은 것을 발견할 수 있습니다.

40대가 넘어가면 인생의 재미가 확 줄어드는 것을 경험합니다. 그래서 어른들이 흔히 "사는 게 재미가 없다."라는 말을 종종 하는데, 맛있는 음식도 매일 먹으면 질리고 재미있는 일도 매일 하면 재미가 줄어들기 때문입니다. 하지만 자신을 스스로 칭찬하고 인정하면서 어려움을 극복해 나가는 성장의 경험은 다릅니다. 매일 하더라도 재미의 반감이 없이 늘 새롭고 즐거우며 기쁨을 줍니다.

4단계 - 증명

현대 사회는 사람 간에 복잡하고 유기적인 관계를 가지며 발전해 왔습니다. 이처럼 사람 간의 관계가 중요해진 시점에서 좋은 관계를 맺기 위한 상호 간의 신뢰는 필수적이지만, 각자 마음의 모양이 다르기에 만남의 초기에는 불신을 가질 수밖에 없습니다. 사회에서 서로의 마음속을 모르기 때문에 상대를 알기 위해서는 스펙이라는 객관적인 지표를 가지고 관계를 맺게 됩니다. 스펙에는 학업의 성취, 자산의 유무, 성과, 외모 등으로 평가가 이루어집니다. 스펙으로 상대를 평가하는 시스템에는 문제가 있습니다. 외모나 자산을 보고 배우자를 선택했다가 결혼 생활에서 어려움을 호소하는 사람이 있거나, 좋은 스펙을 보고 직원을 뽑았는데 직원들 간에 불화가 생겨 낭패를 보는 경우를 볼 수 있습니다. 소비할 때도 판매자나 서비스 제공자의 화려한 광고나 언변을 믿었다가 결제하고 나서 태도가 돌변해서 마음의 상처를 받는 경우도 생깁니다.

이러한 상황들이 벌어지는 이유는 스펙은 좋으나 마음을 들여다볼 수 없기 때문입니다. 그래서 사업을 오래 한 사람들이 공통으로 "인사가 만사다."라는 말을 하기도 하고, 남녀가 30대가 넘어가면 스펙도 중요하지만 상대방의 온전한 태도를 더 중요하게 여기는 사람이 많아집니다.

즉, 사람은 스펙으로만 온전하게 평가하기 어렵고, 경험을 통해야만 상대를 정확하게 알 수 있다는 것을 알게 됩니다. 문제는 현대 사회는 상대를 빠르게 판단해서 관계를 맺어야 하는데, 상대의 마음을 알기까지는 오랜 기간 밀착해서 관계를 맺어야 확인할 수 있는 딜레마가 생긴다는 것입니다. 이런 문제로 인해 사람 간에 소개를 해 주는 중개인이 등장해서 현재 이 분야가 아주 큰 비즈니스 모델이 되기도 합니다.

그렇다면 배우자를 만나거나 사회에서 구인, 구직 또는 비즈니스를 할 때 사람들은 궁극적으로 어떤 상대를 찾는 것일까요?

'좋은 사람'

이 짧은 단어에 말로 표현할 수 없을 만큼 추상적이고 많은 내용이 담겨 있습니다. 좋은 사람을 풀어 쓰면 '자신을 사랑할 줄 알고 자존감이 높은 상태에서 상대를 배려하고 존중할 수 있어야 합니다. 자신을 사랑한다는 것은 자신을 소중히 여기는 것으로, 몸과 정신의 건강을 스스로 돌볼 수 있는 상태입니다. 삶을 풍요롭게 하기 위해 돈 버는 일을 현명하게 대하고 적극적으로 행동합니다. 자신을 사랑하는 만큼 배우자나 사회에서 만나는 사람에게 사랑의 태도로 행동합니다. 삶이 온전하고 평온함을 가질 수 있고 이를 유지하기 위해 꾸준하게 노력합니다. 개인의 문제가 생기면 스스로 대응하고 극복할 수 있어야 가정과 사회에서 발생하는 문제들을 현명하게 풀어낼 수 있습니다. 자신의 성장, 가정의 평온, 사회에서 제 역할을 다하면서 평소에 가진 삶의 의미를 구체화해 타인을 이롭게 하는 일을 하는 사람', 이런 사람을 좋은 사람이라고 할 수 있습니다. 이렇게 방대하고 추상적인 개념을 증명해서 처음 보는 사람도 좋은 사람의 판단이 가능할까요?

"네, 가능합니다."

마인드피티 네이버 카페에서 자신의 성장을 위해 생각과 기록을 통해 훈련하게 되면 마음 성장의 데이터가 남게 됩니다. 누적된 데이터는 여러분의 마음 성장의 맥락을 갖는 서사가 되고, 추후에 서비스될 마인드피티 마음 증명 시스템을 통해 데이터는 여러분이 얼마나 단단하고 씩씩한 마음을 가진 사람인지 알 수 있게 증명될 것입니다.

마치 태권도에서 흰 띠부터 시작해서 검은 띠까지 레벨이 있듯이, 마음 성장에도 일정 수준이 되면 레벨로 표시하게 됩니다. 이를 통해 마음의 스펙을 증명하여 누구나 신뢰할 수 있는 사람이라는 것을 구축할 예정입니다.

5단계 – 연결

　마인드피티 네이버 카페에서는 여러 사람이 각자 마음을 회복하고 성장하기 위해 모이는 공간으로서, 시간이 지나면 좋은 사람, 괜찮은 사람, 쓸모 있는 사람, 멋있는 사람들이 모여 있는 플랫폼으로 발전하게 될 것입니다.

　현재 오프라인 또는 온라인상 다수의 플랫폼에는 많은 사람이 모이기 때문에 반드시 사람 간의 연결이 이루어집니다. 하지만 플랫폼에서 만나는 사람은 익명으로 활동하기 때문에 상호 간 신뢰하기 어려움이 있고, 나쁜 마음을 가진 상대가 접근해 오면 자칫 사고가 발생하기도 합니다. 그래서 플랫폼에서는 신뢰를 구축하기 위한 여러 장치를 심어 놓지만, 나쁜 의도를 가지고 접근하는 사람을 거르는 데 한계가 있습니다.

　마인드피티 카페는 각자의 마음을 성장하려는 사람들이 모이는 플랫폼으로서, 좋은 태도를 증명하는 시스템을 기반으로 일정 레벨 이상의 마음 성장을 한 사람 간의 연결을 주선할 예정입니다.

　마인드피티에서는 세 가지 주제를 가지고 사람 간의 연결을 할 예정입니다.

위의 세 가지 연결을 위해 현대 사회는 많은 양의 자본이 투입되고 있습니다. 과거보다 훨씬 사람 만나기 쉬운 환경이 조성되었음에도 불구하고 더 많은 자본이 투입되어야 하는 아이러니가 발생하는데, 그 이유는 정보의 불균형이 아닌 사람 간의 신뢰 불균형으로 발생합니다.

예를 들어 애인 또는 배우자를 찾기 위해 여러 사이트에 가입하고 시간과 돈을 들여 시도해 보지만, 좋은 사람을 만나기가 참으로 어렵습니다. 설령 좋은 사람이라고 생각하여 만남을 가져도 이내 틀어지는 경우가 많습니다. 이는 상대방의 외형 스펙 정보가 부족해서 생겨나는 현상이 아니라, 상대의 마음의 태도가 자신과 맞지 않기 때문입니다. 상대방의 마음을 잘 알지 못하는 문제와 함께 본인도 좋은 태도의 마음을 갖지 못해 돈과 시간을 써도 좋은 사람 만나는 것에 어려움이 발생합니다. 조금 더 직설적으로 말하자면, 나는 좋은 사람이고 좋은 태도를 가졌으며 내가 누군가를 선택할 수 있다는 오만한 생각과 함께 나의 결핍을 채워 줄 사람을 찾는 욕심을 가지고 사람을 만나기를 희망하기 때문에 좋은 만남이 잘 이루어지지 않습니다.

기업의 구인, 구직에서도 비슷한 문제가 발생합니다. 기업 입장에서는 회사를 위해 헌신하고 일 처리는 잘하면서 회사에서 직원들 간에 관계가 좋은 사람을 희망하면서도, 어떻게 하면 급여를 줄여 볼지 고민하며 구인을 합니다. 구직자의 입장에서는 을의 입장에서 자신이 손해가 되지 않는 방법을 늘 생각하면서 억울하지 않도록 구직하려 합니다. 이처럼 사람이 만날 때 두 입장 차이가 첨예하게 대치되는 상황에서 서로가 원윈이 되는 만남은 어렵습니다.

마인드피티를 훈련하면 기본적으로 높은 자존감으로 자신을 소중히 생각해서 몸과 마음을 돌볼 수 있는 태도를 가지게 됩니다. 자신을 사랑할 수 있기에 상대에게도 온전하게 사랑을 줄 수 있고 상대를 위해 희생할 준비가 되어 있습니다. 이렇게 좋은 태도가 준비되면 연인 또는 배우자에게 헌신할 수 있게 되어 좋은 인연이 될 수 있습니다. 기업 입장에서도 좋은 직원에게는 충분한 급여를 줄 준비가 되어 있는 회사가 많지만 좋은 직원을 만나기 어렵기 때문에 고충을 겪습니다. 이런 기업에게 좋은 태도가 준비되어 있는 마인드피티 회원을 연결시켜 서로가 윈윈이 되는 만남을 주선할 예정입니다. 물건과 서비스를 사고팔 때에도 각자가 좋은 사람임이 증명되면, 판매자는 높은 수익을 가져서 좋고 소비자는 좋은 물건과 서비스를 받을 수 있는 서로가 윈윈이 되는 환경을 만들 것입니다.

＊

6단계 – 의미

중년의 나이에 들어서면 문득 삶의 의미에 관한 궁금증이 듭니다. 어린 나이에는 성장하기에 벅차서 삶의 의미에 관해 고민할 여력이 없습니다. 하지만 성장이 멈춘 중년의 나이부터는 나는 누구이며, 왜 살고, 어떻게 살다가 죽음을 맞이해야 하는지에 관한 생각을 하게 됩니다. 삶의 의미는 과학, 철학, 종교, 책, 유튜브 등 다양한 방법으로 탐구할 수 있는데, 마인드피티에서는 인간의 본능인 생존, 번식, 자아실현에서 의미를 찾았습니다. 인간의 생존과 번식은 온전한 객체 보전을 위해 복잡한 사회를 구성하는 방향으로 진화했고, 사회는 서로의 돌봄과 도움을 통해 유지됩니다. 자아실현은 자신의 능력을 가지고 사회에 있는 많은 사람에게 도움이 되는 행위를 의미합니다. 이를 종합하면 인간의 삶의 의미는 스스로를 돌볼 수 있고, 가정을 돌보며, 사회에 자신이 가진 능력으로 많은 사람에게 도움이 되는 행위를 할 때 가집니다. 이를 충족하면 자신과 타인으로부터 인정과 존경을 받으면서 인정욕구가 채워지고, 충족감과 충만감을 보상으로 받아 행복한 감정을 가지며 삶을 살아갈 수 있습니다.

마인드피티를 훈련하면 이러한 삶의 의미를 실현할 수 있게 됩니다. 먼저 자신의 마음을 회복하고 성장을 통해 스스로 돌볼 수 있게 됩니다. 자신을 사랑할 수 있게 되면 가족을 사랑할 수 있게 되어 가정을 돌볼 수 있습니다. 본인과 가정이 안정된 상태가 되면 직장에서, 사업에서 성과를 낼 수 있으며 자신의 능력을 개발해 사회에 도움이 되는 쓸모 있는 인

간으로 성장하게 됩니다. 가정과 사회에 헌신하면 사람들은 여러분을
인정하고 존경하게 되며, 바로 이때 여러분은 진정한 삶의 의미를 가지
게 될 것입니다.

✳

마인드피티 로드맵 정리

여러분은 마인드피티를 통해 마음 운동을 지속하면 '회복—성장—재미—증명—연결—의미' 순서대로 경험하게 될 것입니다. 이 과정에서 자신을 찾고 나를 괴롭히던 문제를 해결하며, 진짜 무엇을 하고 싶어 하는지 알 수 있게 되어 씩씩하게 그것을 할 수 있게 됩니다. 말초신경을 자극해 얻는 일시적인 쾌감의 재미가 아닌, 자신을 알아 가는 진정한 즐거움이 생기며 마음이 채워지는 충족감에 기쁨을 느끼게 됩니다. 자신의 마음이 채워지다가 더 이상 채워지지 않고 넘쳐흐르는 상태가 되면, 비로소 이타적 행동을 할 수 있게 됩니다. 이때 충만감을 경험하면서 삶의 의미를 갖게 되는데, 이는 단순한 만족감을 넘어서는 깊은 행복의 경험입니다.

모든 기록이 마인드피티 카페에 저장되어 여러분이 얼마나 좋은 사람으로 성장했는지 증명하게 되며, 이를 통해 좋은 사람끼리 연결되어 서로가 도움이 되는 관계를 맺게 됩니다. 자신을 진정으로 사랑하는 좋은 태도를 가진 멋진 사람이 되면, 나이 들어서도 즐겁고 행복한 삶을 살아갈 수 있습니다.

6장
마음의 그릇에 담을
현명한 지혜

＊

좋은 태도

잘 사는 삶, 온전한 삶을 살기 위해서는 매일 자신의 좋은 태도가 충분히 쌓여야 합니다. 태도는 생각과 행동이 복합적으로 작용하는 양태이기 때문에 직관적으로 포착하기 어려운데, 이번 장에서는 좋은 태도를 갖기 위해 어떤 지혜가 필요한지 알려드리겠습니다.

좋은 태도란 갑작스럽게 발생한 상황에서 즉흥적으로 나오는 긍정적이고 현명한 생각의 발현입니다. 이는 항상 마음이 준비되어 있어야만 나올 수 있는 바이브이며, 긍정적이고 현명한 생각이 마음의 그릇, 즉 마음 플랫폼에 제대로 담겨 있을 때 비로소 발현됩니다. 그릇은 어떤 물질을 담기 위해 단단한 표면을 가진 형태를 말하는데, 마음이 바로 이러한 성질을 지니고 있습니다. 그릇의 크기가 작으면 많이 담지 못하고, 표면이 단단하지 않으면 쉽게 깨져서 내용물을 담아낼 수 없으며, 심하게 오염되어 있다면 아무리 깨끗한 것을 담아도 금세 더러워집니다. 우리가 음식을 그릇에 담아 건강하게 먹으려면 그릇이 단단하고 깨끗한 상태로 준비되어야 하는 것처럼, 현명하고 긍정적인 생각과 지혜, 기억을 담기 위해서도 단단하고 깨끗한 마음의 그릇이 필요합니다. 이러한 마음의 그릇이 준비되어야만 여러 상황에서 좋은 태도가 자연스럽게 발현될 수 있습니다. 마음의 그릇을 단단하고 깨끗하게 유지하기 위해서는 먼저 인간의 마음이 어떤 방식으로 운영되는지를 이해할 필요가 있는데, 이 이해를 바탕으로 마음의 태도를 어떻게 훈련하고 성장시킬 수 있을지에 관한 힌트를 얻을 수 있습니다.

우리의 마음은 우주처럼 끊임없이 변하는 성질을 가지고 있습니다. 여기서 변한다는 것은 기존에 있던 형태가 한 번에 다른 모양으로 바뀌는 것이 아니라, 마음의 소멸과 생성이 쉼 없이 반복되면서 마치 변하는 것처럼 보이는 현상을 의미합니다. 지금 이 글을 읽는 여러분의 머릿속에서 어떤 생각이든 떠올랐다가 몇 시간만 지나면 대부분 사라지고, 심지어 어떤 생각을 했는지조차 기억하지 못할 것입니다. 이처럼 우리는 매 순간 생각이나 이미지가 떠올랐다가 사라지기를 반복하면서 마음의 변화를 경험합니다. 이러한 변화의 과정, 즉 소멸과 생성의 과정에서 자신의 기억과 무의식, 그리고 오감에서 오는 정보들이 합쳐져 새로운 이미지로 마음이 생성되기도 합니다.

문제는 새로이 생성되는 생각이 두 가지 원인으로 인해 마음의 그릇을 오염시킨다는 점입니다. 첫 번째는 무의식에서 결핍, 열등감, 부정적인 생각이 만들어져 지속적으로 마음에 영향을 주는 것이고, 두 번째는 '무조건 내가 옳다'는 경직된 태도입니다. 결핍, 열등감, 불안 같은 부정적인 감정과 '내가 옳다'는 유연하지 못한 생각이 결합되면 부정적인 무의식이 형성되고, 이는 마음의 그릇을 오염시킬 가능성을 높입니다.

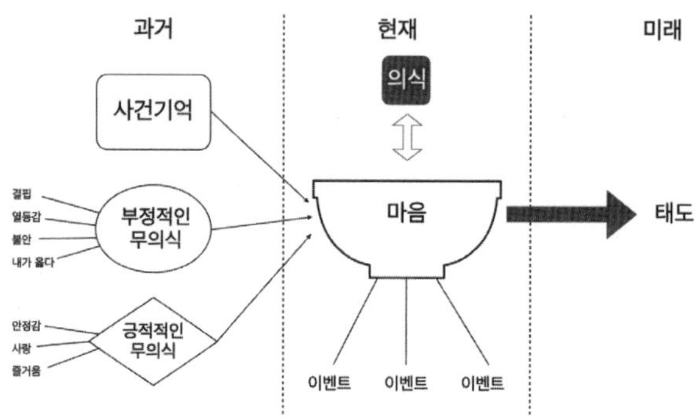

오염된 마음의 그릇을 가진 채 살아가다 보면, 일상에서 겪는 다양한 상황들이 부정적인 무의식과 만나 좋지 않은 태도로 드러나게 됩니다. 긍정적인 무의식도 우리 안에 분명히 있지만, 문제는 인간의 뇌가 생존을 위해 위험 신호를 먼저 포착하도록 설계되어 있다는 점입니다. 그래서 긍정보다 부정을 먼저 알아채고, 결국 부정적인 무의식이 더 큰 힘을 발휘하며 우리의 마음을 형성하게 됩니다.

해결 방법

사고나 병으로 생긴 깊은 피부의 흉터는 완전히 지울 수 없습니다. 그래서 피부 재생술로 흉터를 흐리게 하거나 화장으로 가리는 방법을 선택합니다. 무의식도 마찬가지입니다. 한 번 형성된 무의식은 평생 우리 곁에 머물며 마음에 영향을 미칩니다. 하지만 여기서 희망적인 점이 있습니다. 무의식이 있다는 것은 우리에게 의식도 있다는 뜻이기 때문입니다. 이 의식을 잘 활용하면 이미 형성된 무의식을 억지로 지우려 하지 않아도 됩니다. 대신 마음을 현명하게 만드는 새로운 이벤트들 연결해 가면, 부정적인 무의식에 대응하고 극복할 수 있습니다.

인간은 죽을 때까지 끊임없이 자신의 생각이 새로운 이벤트와 연결되면서 이미지를 형성하고, 이는 마음의 그릇에 담겨 태도로 발현됩니다. 이러한 마음의 운영 원리를 이해하고 나면 우리는 의도를 가지고 좋은 태도를 만들어 낼 수 있습니다. 좋은 태도를 가질 수 있는 새로운 이벤트의 점들을 반복해서 이어 가는 연습을 하면, 부정적인 무의식의 생각 연결 다발만큼이나 많은 현명한 생각의 연결 다발을 형성할 수 있기 때문입니다.

현명한 생각의 연결 다발이 많아지면 자신의 생각과 마음에는 긍정적이고 현명한 생각들이 자리 잡게 됩니다. 마치 흉터를 화장으로 가려 보정하듯, 부정적인 무의식으로 오염된 마음의 그릇에 현명함을 덧칠하여 마음의 그릇을 깨끗하게 만들 수 있는 것입니다. 의도적으로 현명함을 형성할 수 있도록 도움을 주는 세 가지 방법을 소개하겠습니다.

① 좋은 스승님 만나기
② 새로운 장소와 사람 경험하기
③ 좋은 책과 영상 보기

이 세 가지를 통해 우리는 부정적인 무의식에 대응하는 의도적인 현명함을 가질 수 있습니다. 그런데 여기서 현명함이란 정확히 무엇을 의미하는지 살펴볼 필요가 있습니다. 현명하다는 말을 한문으로는 '중(中)'으로, 영어로는 '밸런스(Balance)'로 바꿔 표현할 수 있습니다. 이중 현명함에 대한 힌트는 동양 고전 철학에서 찾을 수 있습니다. 공자의 손자 자사가 저술한 『중용』에서 다루는 핵심 개념인 '중(中)'은 어디에도 치우치지 않고 균형 잡힌 상태를 의미합니다. 이 개념은 인간관계, 사회, 일 등 다양한 영역에 적용할 수 있지만, 마인드피티에서는 특별히 자신의 마음에 적용하는 개념으로 '중'을 활용합니다. 즉, 이 책에서 말하는 현명함이란 너무 과하지도 않으면서 어느 한쪽에 치우치지 않는 시의적절한 생각과 마음을 의미하며, 이는 기계적인 중립이라기보다는 어떤 상황에서도 균형을 유지하는 것을 말합니다.

'중' 또는 '밸런스'를 가장 직관적으로 표현하자면 요리에서의 '맛'으로 설명할 수 있습니다. 우리가 음식을 먹을 때 맛있다고 느끼는 순간은 짠맛, 단맛, 감칠맛, 매운맛, 향, 질감 등이 조화롭게 어우러져 입안에서 감각이 폭발할 때입니다. 모든 요리에는 레시피가 존재하고 그에 맞춰 재료를 준비하지만, 요리할 때마다 재료들의 컨디션이 다르고 주변 환경도 바뀌기 때문에 레시피대로만 재료를 넣는다고 해서 맛있는 요리가 나오지는 않습니다.

이때 중요한 것은 요리할 때마다 재료의 상태를 확인하고 주변 환경을 고려하여 양과 조리 시간을 섬세하게 조절하는 것인데, 이를 바로 '중' 또는 '밸런스'를 맞춘다고 표현할 수 있습니다. 그래서 정말 뛰어난 쉐프를 보면 어떤 장소에서든, 어떤 재료가 주어지든 그에 맞는 적절함을 찾아내어 최상의 요리를 만들어 냅니다. '중' 또는 '밸런스'를 통해 맛있는 요리를 만들어 내는 것처럼, 현명함도 여러 경험과 생각들 속에서 '중' 또는 '밸런스'를 찾아내는 것을 의미합니다.

부정적인 무의식에 대응하는 현명함을 생성하기 위해서 우리는 앞서 말한 세 가지 이벤트를 지속해서 연결해야 합니다.

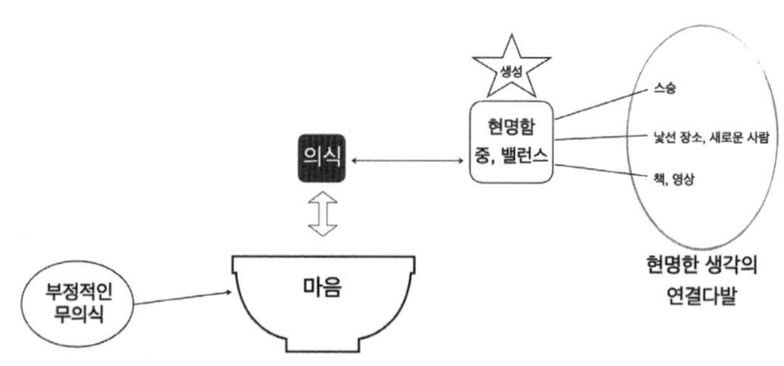

1 | 좋은 스승님 만나기

사람은 메타인지 능력을 갖추기 전까지는 자기 객관화가 잘되지 않아 생각이 어느 한쪽으로 치우치거나 생각의 폭이 좁아져 편협한 마음을 갖기 쉽습니다. 이를 다르게 표현하면 무지한 상태라고 할 수 있는데, 이러한 무지한 상태에서 생각의 확장과 '중' 또는 '밸런스'를 잡을 수 있도록 옆에서 도움을 주는 사람이 있다면 현명함을 갖는 데 큰 도움이 됩니다. 이를 위해서 여러분은 자신에게 도움이 될 수 있는 좋은 스승 찾기를 끊임없이 하셔야 하는데, 운이 좋으면 직접 만날 수 있겠지만 현실적으로 만나기 어렵다면 다음의 노력이 필요합니다.

2 | 새로운 사람과 장소 경험하기

맛있는 음식을 만들기 위해서는 그 음식에 들어가는 각각의 재료에 대한 맛을 모두 경험해야 합니다. 설탕의 단맛, 소금의 짠맛, 고춧가루의 매운맛이 어느 정도인지 알아야 요리에 들어갈 양이 결정되고, 밸런스를 맞춰서 넣어야 음식의 맛을 낼 수 있습니다. 재료를 경험하지 않고 다른 사람이 알려 준 레시피대로 기계적으로 양을 결정해 요리를 하게 되면, 당연하게도 맛있는 요리는 완성되지 않습니다. 다양한 재료의 맛을 경험하고 기억해서 요리를 할 때 레시피는 참고 정도로 하고 자신만의 '밸런스'를 잡는 것이 맛의 핵심입니다.

좋은 태도를 갖기 위한 마음도 이와 같습니다. 여러 장소를 방문하고 낯선 사람을 만나는 경험들이 조합되어 맛있는 마음이 만들어집니다. 새로운 사람과 장소의 경험은 자신에게 현명함을 갖는 재료가 되어 여러분의 현명한 마음을 만드는 데 소중한 자산이 됩니다. 과거에 부모가 자신에게 준 경험이 무의식이 되어 마음에 영향을 주듯, 우리는 의식적으로 다양한 사람과 장소를 경험하면서 현명함이라는 마음의 맛을 완성해 나가야 합니다.

여기서 낯선 장소와 사람을 만나는 경험이란 거창하게 계획을 세워 실행하라는 의미가 아닙니다. 살아가면서 자연스럽게 기회가 찾아왔을 때 그것을 회피하지 않고 적극적으로 경험하는 것을 의미합니다. 저처럼 MBTI가 극단적인 I인 경우 밖에 나가는 것, 새로운 사람을 만나는 것을 어려워하는 성향 때문에 이런 이벤트를 경험하려면 매번 용기를 내야 할 것입니다. 하지만 자신을 소중히 여긴다면 회피하지 않고 씩씩하게 용기 내어 마음의 성장에 도움이 될 수 있도록 해야 합니다. 만약 새로운 사람과 장소를 경험하기 어려운 상황이라면 세 번째 방법인 '좋은 책과 영상'을 통해 간접 경험을 하는 것만으로도 현명함을 얻기에 충분합니다.

3 | 좋은 책과 영상 보기

자신에게 긍정적인 마음을 갖기 위해 좋은 책과 영상을 보는 것에 관해 이견을 가진 사람은 없을 것입니다. 그렇다면 긍정적이고 현명한 마음을 갖기 위한 좋은 책과 영상은 어떤 것들이 있는지 살펴보겠습니다.

인간을 이해하기 위한 대표적인 카테고리는 철학입니다. 철학 중에서도 2천 년 이상 검증된 고전 철학을 읽으면 자신을 이해하고 앞으로 삶의 방향성에 대한 선명함을 갖는 데 큰 도움이 됩니다. 대표적으로 유교, 불교, 기독교에서 알려 주는 핵심 내용을 무엇보다 먼저 이해하는 것이 좋습니다. 유교에서는 논어, 맹자, 중용 등을 해석해 주는 책과 영상들, 불교와 기독교는 부처님과 예수님의 말씀 자료를 해석해 주는 책과 영상을 경험하면 좋습니다.

문제는 2천 년 이상 사람들에게 전해 오는 검증된 콘텐츠이지만 글을 읽고 이해하기 어렵다는 점 때문에 많은 사람에게 읽히지 않고 있다는 것입니다. 그렇기에 원본을 찾아 읽기보다는 이를 연구한 석학들의 책과 영상을 찾아보면 더 쉽게 이해할 수 있고, 이를 자신에게 녹여내면 현명함을 갖는 데 큰 도움이 됩니다.

제 경우 부모님 외 다른 좋은 스승님을 직접 만날 기회가 없었습니다. 하지만 책과 영상으로 도올 선생님, 법륜 스님, 김학철 교수님, 박구용 교수님, 유시민 작가님 등 국내외 수많은 석학들을 제 마음의 스승님으로 모실 수 있게 되었습니다. 그분들이 공자, 맹자, 예수, 부처, 현대 철학자들, 그리고 역사 이야기를 통해 배움이 적고 이해력이 떨어지는 제게 알기 쉽게 해설해 주신 것은 제 삶에 현명함이 깃드는 데 결정적인 도움이 되었습니다. 참고로 저는 한국인으로 태어난 것에 대해 늘 깊은 감사의 마음이 있는데, 그 이유는 제 마음의 스승님들이 사용한 언어가 한국어라서 쉽게 이해할 수 있었고 동양의 지혜를 제 것으로 만들 수 있었기 때문입니다.

2천 년 이상 내려온 여러 말씀 자료를 처음 접하면 '좋은 이야기이긴 한데 딱히 내 마음이 크게 변하는 게 없네'라는 생각이 듭니다. 하지만 자신을 소중히 여기기 위해서는 중용에서 말하는 '중'의 개념에 내포된 현명함이 필요합니다. 이러한 현명함 없이는 진정으로 자신을 소중히 여길 수 없기 때문입니다. 그러므로 철학과 역사 등을 책과 영상을 통해 지속적이고 반복적으로 경험해야 합니다.

반복해서 고전 철학, 역사 해설서를 읽고 시청하다 보면 어느 날 마음에서 번개가 내리치고 지진이 일어나듯 큰 울림을 느끼면서 세상이 밝아지는 경험을 하게 되는데, 이런 느낌을 깨달음이라고 합니다. 이때부터 '고전이 이렇게 즐거움을 주는 학문이야?' 하는 생각도 들게 될 것입니다.

논어에서 공자님은 인간에 대한 다양한 해석과 삶의 방향성에 관한 이야기를 합니다. 이를 처음 읽게 되면 큰 감흥 없이 좋은 내용으로만 다가오다가, 부처님과 예수님의 말씀 자료, 다양한 역사서에서 주는 교훈, 현대 철학자들의 인간에 대한 해석을 읽다 보면 모든 내용이 연결되면서 공자님의 메시지가 입체적으로 느껴지기 시작합니다. 그리고 나는 어떻게 살아가야 할 것인가에 대한 거대한 생각이 형성되면서 '중', '밸런스'의 느낌과 의미를 이해하고 실행할 수 있는 현명함을 가지게 됩니다.

부모님으로부터의 지극한 사랑의 경험, 예수님이 말씀하신 행동하는 사랑, 유교에서 '인(仁)'의 개념 속 '공감, 도덕, 성실', 부처님이 말씀하신 자신의 괴로움을 대응하는 방법들의 조합을 가리켜 마인드피티에서는 사랑과 사랑의 태도로 표현합니다. 진정한 사랑은 단순하게 좋아하는 사람에 대한 사랑의 감정이나 자신을 우선으로 하는 이기적인 사랑의 개념을 초월해, 자신이 행복하고 온전한 삶을 살아가기 위해 어떻게 사랑해야 하는가에 대한 고민을 할 수 있게 합니다.

좋은 책과 영상은 입체적으로 사랑을 인식하는 '중' 또는 '밸런스'를 가질 수 있게 하여, 마음에서 너무 모자라지도 그렇다고 너무 과하지도 않는 딱 적당한 정도의 사랑을 생각하고 행동할 수 있도록 큰 도움을 줄 것입니다. 여러분도 좋은 책과 영상을 보고 자신만의 스승님을 모셔서 '중', '밸런스'를 가지는 현명함을 가지시기 바랍니다.

※

삶의 방향성

불교에서는 우리가 사는 우주가 '공', '인연', '인과'에 의해 운영된다고 표현합니다. 여기서 '공(空)'이란 'void'의 텅 비어 있는 상태를 의미하는 것이 아니라, 시간의 흐름 속에서 'Renewal', 즉 소멸과 생성을 반복하는 과정인 '끊임없는 변화의 연속'을 의미합니다. '인연'은 변화의 과정에서 직간접적인 원인에 해당하는 의미를 가지며, 원인에 대한 결괏값을 가지는 것을 '인과'라고 합니다. 결국 변화는 이러한 인연과 인과가 끊임없이 연결되는 연속인 셈입니다.

한 개인의 인간은 태어나고 죽는 것이 한 번이지만, 인간이라는 종 전체를 놓고 보면 여러 사람이 생존과 번식, 죽음의 과정을 거치면서 끊임없이 변화되고 재창조되면서 이어집니다. 지금 우리의 몸속에서는 세포들이 소멸되고 분열하며 생성되는데, 몸 전체로 보면 이는 성장과 노화의 과정으로 나타나는 변화입니다. 불교에서 말하는 '공', '인연', '인과'의 개념은 삶을 온전하게 살아가려는 우리에게 방향을 알려 주는 중요한 깨달음을 줍니다.

우리의 미래에는 셀 수 없이 많은 인연이 존재합니다. 그중 자신의 삶이 온전해지는 방향으로 향하게 하는 인연을 선택할 수 있다면 우리의 인생은 온전한 삶으로 변화할 것입니다. 반대로 자신의 감정과 감각에만 집중하는 인연을 선택한다면 불행한 방향으로 변화하게 됩니다. 이런 원리를 이해하고 현명하고 단단한 마음을 가질 수 있도록 훈련하면, 높은 자존감을 통해 좋은 태도의 인연을 맺는 선택을 할 수 있게 됩니다.

우리의 몸이 생물학적으로 '끊임없이 소멸되고 생성'되는 과정으로 변화하듯이, 정신과 마음도 시간의 흐름 속에 우주에 흩뿌려진 수많은 이벤트의 점들과 끊임없이 연결되고 끊어지는 순환에 의한 변화를 반복합니다. 대표적인 사례가 바로 수면입니다. 우리는 깊은 잠이 들면 의식이 외부와의 이벤트와 끊어지면서 소멸되었다가 꿈이라는 가상의 세계와 연결되면서 재창조됩니다. 잠에서 깨어 눈을 뜨면 꿈의 가상세계와는 끊어지면서 소멸되고, 눈앞에 보이는 여러 이벤트와 의식이 다시금 연결되면서 새로운 의식이 여러 생각과 행동이 연결되면서 정신을 이어나갑니다.

우리의 정신은 늘 끊어지고 다시 연결되지만, 이를 느끼지 못하는 이유는 기억과 무의식 때문에 우리의 정신이 계속 이어지는 것처럼 느끼기 때문입니다. 인간은 잠에서 깨어 있는 상태에서도 의식이 끊어졌다가 새로 이어지는 생성과 소멸의 정신적 활동이 계속 일어나고 있으며, 이를 다음 그림과 함께 자세히 설명하겠습니다.

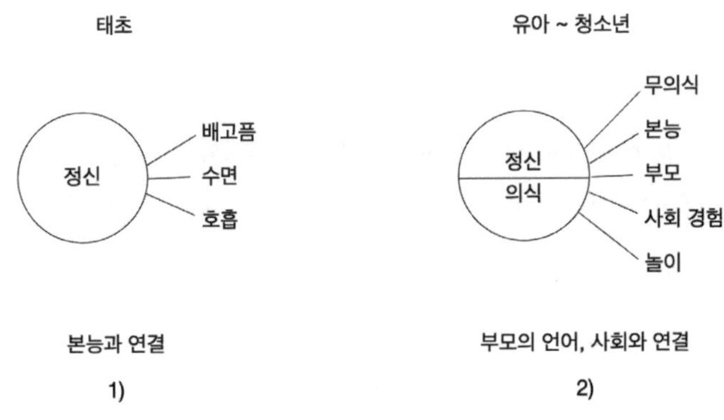

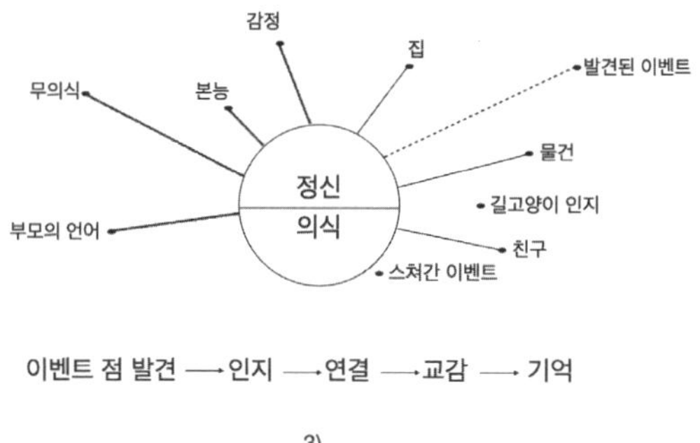

3)

태아는 엄마의 뱃속에서 의식을 갖기 전까지 모든 것이 암흑의 상태입니다. 엄마의 뱃속에서 나와 울음이 터지면서 숨을 쉬는 것을 시작으로, 생존을 위해 잠자고, 먹고, 배설하는 인간의 가장 기본적인 이벤트와 정신이 연결됩니다. 이때 누가 알려 주지 않아도 의식과 무관하게 우리의 DNA에 새겨진 본능이라는 명령을 통해 생존의 이벤트와 자동으로 연결됩니다. 만약 본능이 충족되지 않으면 울음이라는 신호를 보내 부모님으로부터 돌봄을 받게 됩니다.

유아기에 뇌가 발달하면서 높은 지능을 갖게 되고 의식을 형성하기 시작합니다. 발달된 뇌는 부모의 언어라는 이벤트와 연결하여 부모와 교감을 하는데, 이는 단순히 부모의 음성뿐만 아니라 표정, 행동, 분위기, 습관 등 셀 수 없이 많은 이벤트와 연결되고 교감하는 과정입니다. 매일 부모가 주는 이벤트들과 연결하고 교감하는 과정을 통해 기억과 무의식이 형성됩니다. 유치원, 학교 등 사회생활을 시작하면서 의식과 정신은 더 많은 이벤트들과 연결되며 경험을 확장해 나갑니다. 시간의 흐름 속에서 새로운 음식, 장소, 친구, 물건, 감정, 놀이 등 수많은 이벤트는 발견, 인지, 연결, 교감, 기억의 과정을 거치면서 자신만의 세계관을 형성하게 됩니다. 이러한 정신 활동의 과정에서 매일 수면을 통해 의식과의 연결은 끊어졌다가 깨어나면 다시 연결됩니다.

깨어 있는 동안 경험하는 수많은 이벤트 중에 발견하고 인지만 되고 연결이 되지 않으면 그 이벤트는 금세 소멸해서 잊힙니다. 그림 3)에서 길고양이를 발견하고 인지했지만 연결이 되지 않아 며칠 지나면 금세 잊히는 것과 같습니다. 이외에도 여러 이벤트가 시시각각으로 우리의 의식과 정신과 끊어졌다가 연결되기를 반복하면서 정신세계는 변화합니다. 이벤트와의 연결이 반복되고 의식을 집중하면 연결은 이벤트와 상호작용을 하게 되는데, 이를 '교감'이라 합니다. 예를 들어 배가 고파 식당에서 식사를 하려 할 때를 생각해보겠습니다. 길에서 평소에는 잘 보이지 않았던 식당들이 눈에 들어오는 단계가 '발견'입니다. 가려고 하는 식당이 무엇을 파는지 관심을 갖는 단계가 '인지'입니다. 평소에 즐겨 먹었던 메뉴로 결정하고 식당을 방문하는 단계는 '연결'이고, 주문을 하고 식사를 하는 단계를 '교감'이라 할 수 있습니다.

오늘 먹었던 메뉴가 너무 맛이 좋아 여러 번 방문해서 식사하면, 이 식당에서 밥을 먹는 이벤트와 나의 정신 사이에 연결된 선이 굵어지는 상태를 '기억'이라 합니다. 기억이 더 지속되면 장기 기억 상태인 무의식의 단계에 이르게 되며, 무의식은 평생 자신의 여러 정신 활동에 영향을 주게 됩니다.

과거와 내일이라는 환상

시간의 흐름 속에서 다양한 이벤트들과 생성과 소멸의 변화를 우리는 과거와 현재라는 시간 개념으로 받아들입니다. 정신의 변화를 자세히 살펴보면 과거부터 현재의 변화는 그저 우리의 개념에 존재하는 것이고, 과거에 있었던 우리의 정신은 이미 소멸하고 없다는것을 알 수 있습니다.

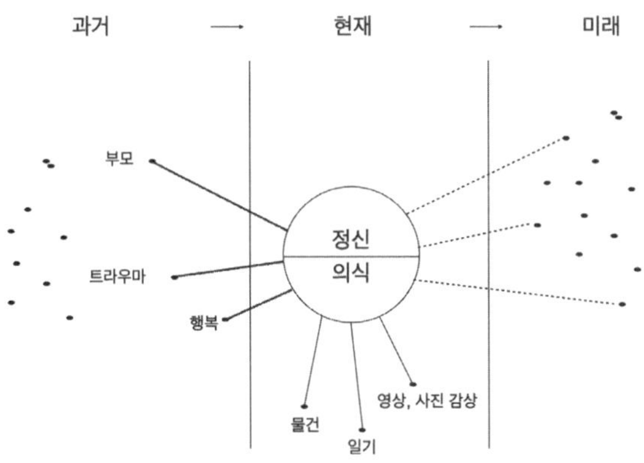

과거의 점은 끊어져 소멸한 이벤트가 되고, 미래의 점은 발견될 이벤트로 연결될 수도 있음을 의미합니다. 다만, 장기 기억과 본능의 이벤트는 무의식으로 남아 끊임없이 자신의 의식과 정신에 영향을 줍니다.

중요

의식과 정신을 연결하는 장기 기억과 무의식은 과거라는 개념의 이벤트를 만들어 내기 때문에, 우리는 과거의 내가 현재까지 연속한다는 생각을 하게 됩니다. 사진, 영상, 일기 같은 과거의 기록이 저장되었다가 현재 보여지기에 우리는 과거가 실재한다고 더욱 믿게 되는데, 이러한 현상을 자세히 살펴보면 과거에 있던 이벤트의 기록을 보고 현재 새로운 생각을 하는 정신 활동을 하는 것으로, 과거에 경험했던 그 순간의 생각과는 차이가 있습니다. 즉, 과거라는 객관적 사실이라는 믿음은 환상이고, 현재에 과거를 생각하는 새로운 이벤트가 생성될 뿐입니다. 과거가 이미 소멸되고 없는 것처럼 우리의 미래도 실체가 없는 현재의 생각일 뿐입니다.

이렇게 과거와 미래가 실존하지 않는다는 것을 알아야 하는 이유는, 이것이 우리에게 온전한 삶으로 도달할 수 있는 방향성을 알려 주는 중요한 개념이기 때문입니다.

인간은 죽기 전까지 매일 수없이 많은 이벤트와 마주하게 됩니다. 잠에서 깨어나면 씻기, 밥 먹기, 책 읽기, 운동하기, 가족을 돌보기, 유튜브 보기 등 실체적 이벤트들이 생성되고 소멸합니다. 머릿속에서는 수많은 생각들이 생성되고 소멸하는 정신 활동도 활발히 발생합니다. 이러한 이벤트들이 수행되는 동안 각 이벤트들 간의 상호작용에 의해 의도하지 않은 또 다른 이벤트들이 생성됩니다.

예를 들어 며칠 전 저는 북한산에 등산을 다녀왔습니다. 주차장까지

가는 동안 자전거 동호회로 보이는 사람들이 제가 달리는 차의 속도보다 빠르게 지나가는 모습에 놀라워한, 의도하지 않은 새로운 이벤트를 인지하고 발견했습니다. 주차를 하고 산에 올라가고 있는데 저 위에서 약 20여 명의 사람들이 다람쥐처럼 달리며 뛰어 내려오는 모습을 보았고, 이 또한 속으로 엄청 놀라우면서도 그들의 무릎이 걱정되는 생각의 이벤트가 발생했습니다. 정상에 거의 다 왔을 때 비가 와서 비를 맞으며 라면을 먹고 하산을 했고, 내려오면서 애교가 많은 길고양이를 만나 한참을 놀다가 무사히 등산을 마치고 집으로 돌아왔습니다.

저는 제 콘텐츠의 구상과 운동을 목적으로 산에 올랐으나, 이 과정에서 제가 의도하지 않은 여러 광경을 목격하기도 하고 때로는 길고양이를 만나서 노는 등의 새로운 이벤트와 연결하고 교감하는 일도 생겨났습니다. 과거에도 이 산을 여러 번 오르내렸지만 이번에는 새로운 이벤트들과 마주했고, 놀랍기도 하며 재미가 있었습니다. 저는 같은 북한산을 갔지만 과거에 갔던 산과 이번에 갔던 산의 경험은 완전히 다른 경험이었고, 제게는 여러 가지로 새로운 생각할 거리를 던져 주는 계기가 되었습니다.

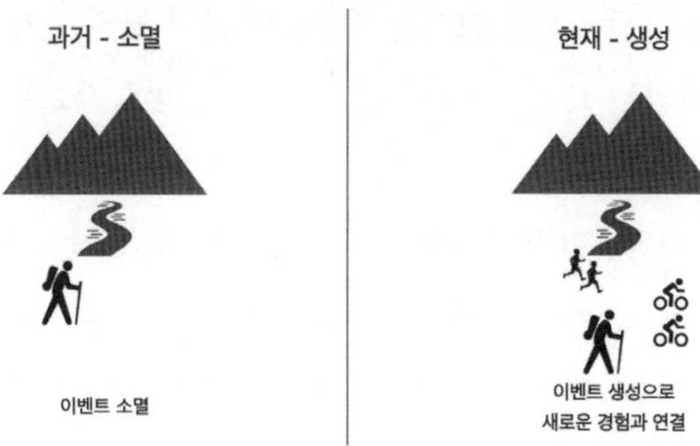

과거의 북한산 등산과 현재 북한산 등산은 전혀 다른 경험을 주고 있습니다. 북한산의 모습도 변했지만 제가 가지고 있던 북한산에 대한 인식도 변화의 과정을 경험합니다. 과거의 북한산은 소멸하고 현재의 북한산이 새롭게 생성되어 기억에 저장됩니다.

제게 과거 여러 산을 등산했던 경험은 여러 가지로 좋은 영향력을 주는 것을 알고 있습니다. 과거에 했던 등산의 기억은 저의 정신과 굵은 선으로 연결되어 있어 현재 제 생각에 영향을 주게 됩니다. 등산 이외에도 과거의 기억과 연결되었던 부모, 트라우마, 행복한 경험 등 여러 이벤트가 현재 제 생각에 영향을 주어 새로운 생각의 이벤트가 형성되고 저의 정신과 연결됩니다.

예를 들어 과거의 제 아버지는 아주 불안정한 마음으로 저를 마주하여 많은 갈등 상황들이 발생했습니다. 이를 경험한 제 어린 마음에는 불안함, 결핍, 열등감, 내향성을 가진 마음 이벤트가 의식과 정신에 강하게 연결되었습니다. 불안한 가정의 모습은 시간의 흐름에 의해 장면들은 잊혀 소멸하였지만, 그때 연결된 부정적인 마음의 이벤트는 기억으로 저장되어 갑자기 불쑥 튀어나와 현재의 생각과 상황에 영향을 미치면서

새로운 부정적인 생각으로 이어지거나, 갑작스럽게 화를 내는 등 의도
치 않은 방향으로 생각과 행동이 튀어나옵니다. 불행했던 과거의 내가
소환되어 현재의 나를 괴롭히는 것입니다.

중년이 된 나이임에도 불구하고 갈등의 상황이 발생하면 제 마음에서
는 도망가고 싶은 마음이 먼저 생기면서 어떻게 해서든 상황을 피하고
싶은 마음이 가득한 경우가 여러 번 있습니다. 이런 마음의 기저에는 과
거에 불안한 마음을 가지게 했던 가정 상황 속에서 극도로 불안하여 피
하고 싶었던 마음이 현재 상황에 영향을 주는 것입니다.

하지만 현재 힘든 일이 생겨 도망가고 싶은 마음이 새로 생긴 이 순
간, 저는 과거에 생겼던 불안한 마음의 이벤트가 연결되어 현재 불안함
과 회피의 마음이 새롭게 생겨났다는 것을 알아차립니다. 현재는 과거
와 상황이 다르다는 것을 인지하게 되면 새로 발생한 불편한 마음의 상
황을 대응할 수 있게 되면서 불안하고 도망치고 싶은 마음은 작아집니
다. 이후 긍정적인 방향성을 가진 생각의 이벤트와 연결 짓는 선택을 하
게 되면, 온전한 삶의 방향으로 제 마음을 설정할 수 있게 됩니다.

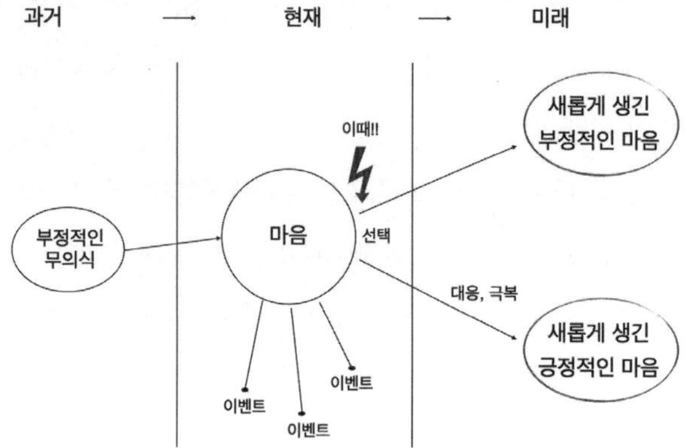

부정적인 무의식이 현재 이벤트와 만나면서 새로운 부정적인 마음의 이벤트가 형성되는 순간, 대응과 극복을 통해 긍정적인 마음으로 연결하면 미래에 자신의 방향을 선택할 수 있습니다.

우리는 살면서 자신의 무기력과 게으름이 생겨날 때, 사랑하는 사람과 갈등 상황이 발생할 때, 불안함의 망상으로 괴로움에 헤맬 때, 허무감이 밀려올 때, 자신이 무조건 옳다는 무지에 의해 판단이 흐려질 때, 후회가 밀려올 때, 사랑하는 사람에게 사랑의 태도를 행동해야 할 때 등 수많은 '이때'를 마주합니다. 매일 의식과 정신이 소멸되고 생성되는 과정에서 새로운 마음이 생성될 때, 마음속에서 이 '이때'를 놓치지 않고 대응하고 극복하여 긍정적인 마음을 선택하면 여러분은 좋은 태도를 갖게 되어 온전한 삶의 방향성에 들어서게 됩니다.

시간의 흐름 속에서 매일 변화하는 '공'의 상태, 인연과 인과의 시스템을 갖는 우주에 우리는 존재합니다. 우주 속에서 살아가는 한 이 시스템의 이치를 거부하거나 뛰어넘을 수 없습니다. 그렇다면 우리는 이러한 생성과 소멸의 변화를 이해하고 인과에 대해 생각하면서, 좋은 인연을 가지려고 하는 현명한 선택을 활용해 온전하게 살아갈 수 있도록 삶의 결괏값을 얻으며 사는 것이 최선이라 할 수 있겠습니다.

인간은 매일 눈을 뜨면 모든 것이 새롭게 발견, 인지, 연결, 교감, 기억할 수 있는 광활한 우주가 생성됩니다. 어제를 포함한 과거에 어떤 일이 생겼든 오늘 아침은 새로 생성되는 이벤트를 가지게 될 것입니다.

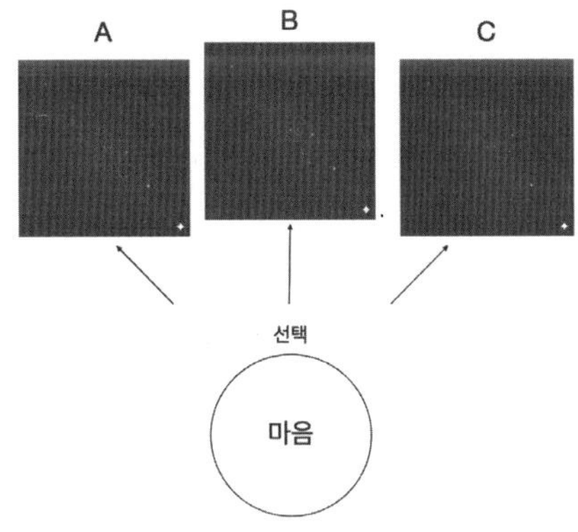

새로 생성된 의식과 정신의 마음은 아직 발견되지 않은 여러 이벤트를 선택할 수 있습니다. 예를 들어 어제 게으름에 빠져 운동을 가지 못했다면, 운동을 하지 않았던 게으른 나는 어제 소멸되었고 오늘 새로운 의식과 정신을 가진 내가 생성되기 때문에 게으름은 문제될 것이 없습니다. 하지만 '게으른 나'라는 과거가 있다고 망상을 하면 '게으른 나'는 새롭게 만들어지면서 운동을 하지 않는 자기 합리화 이벤트에 연결되고, 결국 운동을 하지 않게 됩니다. 반대로 운동을 하는 선택을 해서 '행동에 옮기는 나'를 만들 수도 있습니다.

이런 원리를 이해하면 게으르다고 나를 원망하지 않아도 되고, 원래 게으른 사람이라는 자기 합리화를 할 수도 없습니다. 돈을 벌기 위해 일을 할 때, 사랑하는 가족과 함께할 때, 건강을 위해 식단이나 운동을 할 때 등 모든 일에 있어 새로 생성된 의식과 정신을 가지는 자신에게 좋은 생각과 태도를 선택하고 행동해서 쌓아 가면, 어느새 우리는 온전한 삶에 가까이 다가갈 수 있습니다.

'공', '인연', '인과'를 가진 우주의 원리를 활용하면 '나'에게는 불가능한 것이 없고, 불안정하고 부정적인 '나'도 존재하지 않습니다. 매일 어떤 이벤트를 발견하고, 인지하고, 연결하고, 교감하고, 기억할지 선택하고 쌓아 가면 됩니다. 다만 과거에 형성된 기억과 무의식들이 우리의 선택을 현명하지 못하도록 훼방을 놓을 수는 있지만, 마인드피티의 마음 운동을 한다면 여러분은 메타인지, 높은 자존감, 도덕적 마음, 사랑을 포함한 마음의 언어를 가지고 현명한 선택을 통해 온전한 삶을 살아갈 수 있게 될 것입니다.

＊

마음의 언어 중요성

우리는 마음을 표현하기 위해 모국어를 사용해 말하고 생각합니다. 만약 인간에게 언어가 없다면 우리는 생각도 의미도 갖지 못하게 됩니다. 언어의 재미있는 예로 우리나라에는 비와 관련한 말이 많습니다. 이슬비, 보슬비, 소낙비 등 비가 많이 오는 지역이기 때문에 비에 관련한 말이 많이 생겨났고, 단어 하나마다 우리는 그 의미를 잘 알고 있습니다. 하지만 비가 많이 오지 않는 나라에서는 이러한 언어가 없기 때문에 비라는 단어만 존재할 뿐, 여러 가지 종류의 비가 있다는 생각과 개념을 갖지 못합니다.

이러한 언어의 특징을 잘 나타낸 조지 오웰의 소설 『1984』에서는 국가가 언어를 제한하는 신어를 통해 일반 국민의 생각과 감정을 통제하지 못하게 만들어 사람을 지배하는 수단으로 묘사하기도 합니다. 이렇게 인간의 언어는 우리의 생각 자체라고 해도 무방합니다.

지금까지 계속 사랑이라는 마음의 언어를 강조한 데는 중요한 이유가 있습니다. 우리 몸의 DNA는 '생존, 번식'의 신호를 보내지만, 이 신호를 '사랑'이라는 언어로 번역하지 못하면 우리는 막연하게만 느낄 뿐 실제로 어떻게 해야 할지 모릅니다. 쉽게 비유하자면 이렇습니다. 영어를 전혀 모르는 사람에게 '애플'이라고 말하면 그 소리는 들리지만 의미를 모릅니다. 그래서 그것이 사과라는 과일이고 먹을 수 있다는 걸 알 수 없습니다. 사랑도 마찬가지입니다. '사랑'이라는 단어는 알지만 그 진짜 의미를 모르면 자신을 사랑하는 방법을 실천할 수 없습니다. 많은 사람들이 사랑을 연인 간의 감정이나 가족 간의 정 정도로만 생각합니다. 하지만 그것은 사랑의 아주 일부분일 뿐입니다. 사랑은 훨씬 더 넓고 깊은 개념으로, 우리 DNA가 보내는 신호를 제대로 읽고 행동할 수 있게 해 주는 핵심 도구입니다. 이렇게 이해할 때 비로소 모든 퍼즐이 맞춰집니다.

컴퓨터를 예로 들어보겠습니다. 컴퓨터는 본래 0과 1로만 이루어진 기계어로 작동합니다. 하지만 이런 기계어를 인간이 직접 다루기는 너무 어렵습니다. 그래서 우리는 컴파일러라는 프로그래밍 언어를 통해 사람이 이해하기 쉬운 형태로 번역해서 사용합니다.

우리 몸의 DNA도 마찬가지입니다. DNA는 끊임없이 우리 몸에 명령을 내리지만, 그 명령을 직접 이해하기는 어렵습니다. 이때 필요한 것이 바로 마음의 언어입니다. 사랑, 행복, 사랑의 태도 같은 마음의 언어들이 DNA의 복잡한 명령을 우리가 이해하고 실천할 수 있는 형태로 바꿔 주는 것입니다. 마치 프로그래밍 언어에 C, 자바, 파이썬 등 여러 종류가 있듯이, 마음의 언어에도 사랑, 사랑의 태도, 행복 등 여러 종류가 있습니다.

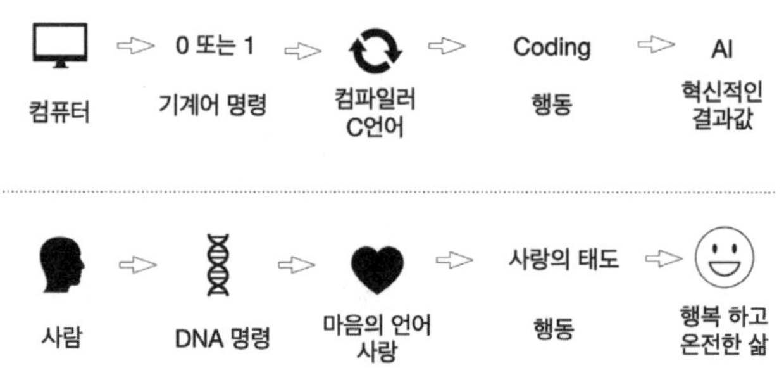

제대로 프로그래밍하지 않으면 컴퓨터는 그냥 고철 덩어리에 불과하지만, 좋은 프로그래밍 언어로 잘 코딩하면 지금 우리가 사용하는 AI처럼 놀라운 것을 만들어 낼 수 있습니다.

우리의 몸과 마음도 정확히 이와 같습니다. 앞서 이 책의 시작에서 '도대체 나는 왜 이 모양이지?'라는 질문을 던졌다고 말씀드렸습니다. 오랜 시간 탐구한 끝에 찾은 답은 분명했습니다. 저는 DNA가 보내는 명령을 제대로 읽고 이해하지 못했고, 그래서 온전하게 수행할 수 없었던 것입니다. 컴퓨터에 프로그래밍 언어가 필요하듯, 우리에게는 DNA의 명령을 이해할 수 있는 마음의 언어가 필요했던 것입니다.

단순히 본능에만 의지해 산다면 우리는 동물과 다를 바 없을 것입니다. 하지만 사랑이라는 마음의 언어를 배우고 사용하면, 인간만이 도달할 수 있는 행복하고 온전한 삶으로 나아갈 수 있습니다.

과거에도 마음의 언어는 존재했습니다. 다만 널리 확산되지 못했던 데에는 이유가 있습니다. 과거 인간의 수명이 짧았던 시절에는 복잡하고 어려운 개념을 굳이 배우지 않아도 살아가는 데 큰 문제가 없었기 때문입니다. 하지만 인간의 평균 수명이 100세 이상으로 늘어난 지금, 자신을 진정으로 사랑하는 마음의 언어 없이 살아간다면 인생의 중후반부에 삶이 급격하게 무너지는 경우를 자주 목격하게 됩니다. 이제는 마음의 언어를 필수적으로 배우고 자신을 진정으로 사랑할 수 있어야 하는 시대가 온 것입니다.

여러분도 DNA가 전하는 잘 사는 삶의 본능적 신호를 이해할 수 있는 마음의 언어, 즉 사랑을 습득하게 된다면, 진정으로 자신을 사랑하게 될 것입니다. 그렇게 되면 복잡하게 얽힌 삶의 문제들을 해결할 수 있고, 행복하고 온전한 삶을 살아가며 긍정적으로 성장할 수 있을 것입니다.

복하고 온전한 삶을 살아가며 긍정적으로 성장할 수 있을 것입니다.

＊

구원

저는 성인이 되기 전까지의 긴 시간 동안 다양한 부정적인 이벤트들과 마주하면서 제 자신과 부정적인 무의식이 단단하게 연결되었고, 이는 과거라는 이름으로 20대의 저를 무척 괴롭혔습니다. 아무리 벗어나 보려 해도 온전해지는 것은 잠시뿐, 과거의 기억은 매일 저를 덮쳐 왔습니다. 아무것도 이루지 못했다는 무기력감과 어떻게 살아가야 할지 알 수 없는 미래의 두려움이 마음 밑바닥에 항상 깔려 있어 매일 술을 마시지 않으면 참을 수가 없었습니다. 돈을 많이 벌어 이 상황을 벗어나 보려고 무리하게 행동했다가 처참하게 무너지기도 했습니다.

모든 것이 바닥으로 떨어져 더 내려가는 것은 극단적인 방법밖에 없어 보였을 때, 제 마음 깊숙한 곳에서 소리가 들렸습니다. 그 소리는 저의 어머니가 어렸을 때부터 제게 주신 사랑의 목소리였고, 저는 갑자기 울음이 터져 밤새 울었습니다. 감정을 추스르고 나니 제 안에 정체를 알 수 없는 뜨거운 에너지가 느껴졌습니다. 이때부터 다른 생각 하지 않고 주어진 일에 최선을 다했더니 바닥으로 추락한 상황들이 정리되기 시작했습니다. 뭔지 모를 강렬한 에너지는 사그라지지 않고 제가 가진 부정적인 생각을 극복하고 새로운 일을 시작할 수 있는 용기를 주었습니다.

쉽게 화를 내던 성격이 편안하면서 긍정적으로 변하고, 게으름이 가득했던 태도가 부지런하려고 노력하는 태도로 변했습니다. 이후에 지금의 아내와 좋은 인연을 맺어 결혼을 하고 아이까지 함께하면서 제 일은 조금씩 풀려 갔습니다. 부정적인 마음, 불안함, 과거에 얽매인 마음이 걷히고, 매일 감사한 마음이 가득한 충만함으로 삶의 온전함을 느끼면서 제 마음은 편안하고 밝아졌습니다. 아내와 아이가 편안하게 지내는 모습을 보면서 여태 느껴 보지 못한 기쁨을 느끼며 하루하루를 보냈습니다.

30대 초반까지의 제 상황은 결핍, 불안, 초조, 열등감, 후회 등 부정적인 마음이 80%, 긍정적인 마음이 20% 정도의 비율을 가진 엉망인 삶이었습니다. 하지만 사랑이라는 에너지를 경험하고 나서 안간힘을 써서 공부하고 행동하여 삶의 깨달음을 얻은 후, 지금은 희망, 기쁨, 행복, 자아실현, 온전함, 충만감 등 긍정적인 마음이 80%, 부정적인 마음이 20% 정도로 삶이 180도 변했습니다. 저는 이런 현상을 달리 표현할 수 없어 '구원'이라 말하고 싶습니다.

저는 어머니가 주신 사랑을 통해 구원받았습니다.

제 삶을 구원할 수 있었던 것은 신이 아닌 저의 어머니가 주신 지극한 사랑을 받은 제 자신이었습니다. 어머니에게 받은 지극한 사랑은 밑바닥으로 추락했던 저를 다시 일으켜 세워 스스로를 사랑하고 돌보며, 아내와 아이를 사랑하고 돌볼 수 있는 태도를 가질 수 있게 했습니다. 제 마음속에 있었던 진정한 사랑은 절망적인 삶으로부터 구원이 되어 온전한 삶의 전환을 가져다 주었습니다.

배가 고프면 주변 상황이 잘 안 보이듯, 제 삶이 불안했을 때는 주변 사람에 대해 생각할 겨를이 없었습니다. 그러다 마음의 안정을 가진 상태가 되니 그제야 제 아내의 상태가 보였습니다. 그때 아내의 마음을 들여다보니 부정적인 마음 90%, 긍정적인 마음 10% 정도로 아내의 마음이 엉망인 상태였고, 아내는 이를 제게 표현하지 않으려 애를 썼으나 본인은 너무나 힘들어하는 상황이었습니다. 아내를 더 힘들게 했던 것은 자신의 마음이 왜 힘든지도 모른 채 갑자기 생겨나는 두려움, 불안, 열등감, 걱정 같은 생각들이었습니다. 아내의 이러한 마음을 느끼게 된 후에는 그녀가 얼마나 혼자 힘들어했을까 하는 생각에 제 마음은 먹먹하고 미어졌습니다.

다행히 저는 깨달음을 가진 상태여서 삶을 어떻게 극복해야 하는지에 대한 제 경험을 가지고 아내를 위한 프로세스를 만들었습니다. 이때가 마인드피티 프로그램 프로토타입이 만들어진 시기로, 어설프지만 나름 체계적으로 아내에게 적용해 보았습니다. 제가 경험한 마음과 아내가 경험한 마음이 다르기에 초기에는 아내의 반응이 어리둥절했습니다. 제가 아내에게 코칭을 하면 아내는 마치 '저 사람은 왜 나에게 이런 이야기를 하는 거지?'라는 반응이 대부분이었고, 아내의 부정적인 마음은 미동도 없는 듯했습니다.

아내의 무반응이 지속될수록 저는 오기가 생겼고, 제가 경험한 마음의 성장을 믿고 있었기에 마음 운동을 열심히 준비해서 아내가 가진 마음을 해설해 주면서 마음 성장을 위한 생각과 행동에 대해 설득하며 하나둘씩 코칭을 했습니다. 저희 부부는 아이를 재워 놓고 정기적으로 최소 일주일에 한 번 회의를 진행했습니다. 저는 회의를 하고 나서 다음 회의를 할 때까지 아내가 마음이 성장할 수 있도록 여러 방법을 고민하는 한편, 마음속으로 '다음 회의에서도 시큰둥한 반응을 보이겠지만 반복해서 사랑과 마음의 성장에 관한 이야기를 하다 보면 아내도 회복하고 성장할 수 있을 거야!'라는 믿음을 늘 가졌습니다.

아내의 마음 회복과 성장을 위한 회의를 수개월 진행하면서 아내가 드라마틱하게 성장해서 변화할 줄 알았지만 그건 큰 착각이었습니다. 1년, 2년이 흘러도 회의 때 잠깐 마음이 긍정적으로 회복되고 성장하는 듯했으나 며칠 내로 다시 예전의 부정적인 마음의 모습으로 돌아가는 것이었습니다. 아내의 마음에 진척이 없어 보이는 상황에서 제 마음에는 '이 정도 시간을 들여 노력했으면 성장해야 하는 거 아니야?'라는 생각이 가끔 들었습니다만, 이혼을 선택하지 않는 이상 포기할 수는 없었고 묵묵히 정기적으로 회의를 진행했습니다.

전혀 변하지 않을 것 같았지만, 저도 눈치채지 못한 사이에 그녀의 마음속에서 긍정적인 마음이 싹트기 시작했습니다. 아내는 평소에 자신의 부정적인 마음과 불행한 삶은 변하지 않는다고 생각했지만, 저와 함께 마인드피티 프로그램을 진행하면서 서서히 회복과 성장을 하며 부정적인 마음을 극복하는 경험을 통해 삶의 태도가 변화하기 시작했습니다. 아내와 저는 긍정적인 마음의 불씨를 놓지 않고 마인드피티 프로그램을 시작한 지 5년이 지난 지금, 아내의 마음에는 '긍정적인 마음 70%, 부정적인 마음 30%' 정도로, 10년 전의 아내와는 전혀 다른 사람처럼 구원받은 모습으로 변했습니다.

저는 살면서 '사람은 절대 변하지 않아!', '사람은 고쳐 쓰는 거 아니야!'라는 말을 참 많이 듣고 살았습니다. 사랑을 통해 온전한 삶을 경험하기 전까지는 100% 공감하는 말이었고 진리라고 생각했지만, 사랑을 통해 마음은 회복과 성장을 할 수 있고 전혀 다른 태도의 사람으로 변한다는 사실을 알게 되었습니다. 이를 증명하기 위해 아내에게 마인드피티 프로그램을 적용해 보았고, 아내도 마음의 회복과 성장을 통해 부정적인 마음이 가득한 삶에서 기쁨, 충만, 행복, 희망 등 긍정적인 마음이 대부분을 차지하는 마음으로 바뀌었습니다. 저와 아내가 긍정적인 마음가짐의 태도를 가지니 가정에는 평화가 찾아왔고, 아이는 자연스럽게 안정된 마음으로 잘 자라고 있습니다.

올해 초등학교 저학년인 저희 아이는 여태 거쳐 간 담임선생님들의 의견을 모아 보면 공통적으로 자존감이 높고, 예의가 바르며, 친구들과의 관계가 좋다는 말씀을 하셨습니다. 이는 우연한 평가가 아닌 저와 아내의 온전한 삶이 아이에게 제대로 된 사랑을 줄 수 있었고, 그 결과 아이의 마음이 자존감이 높고 단단해져서 아이의 태도가 형성되어 나온 평가입니다.

아내에게 마음 운동을 코칭하면서 성장의 변화를 지켜보다가 다른 사람에게도 마인드피티를 적용해 보고 싶은 생각이 들었을 때, 마침 큰 어려움에 직면해 있는 가족을 발견했습니다. 그녀에게 저는 마인드피티라는 프로그램을 만들었는데 해 보지 않겠느냐고 권유했고, 그녀는 머뭇거렸지만 본인의 상황이 좋지 않았기에 지푸라기라도 잡고 싶은 심정으로 마음 운동을 위한 마인드피티를 일주일에 한 번 만나서 코칭을 받기 시작했습니다.

그녀도 제 아내와 같이 처음 1년 정도의 기간 동안에는 '저 인간이 왜 나한테 자꾸 불편한 소리들을 하는 거지?'라는 표정으로 마주했지만, 저는 이런 상황이 익숙하다는 듯 반응에 대꾸하지 않고 제가 하려는 프로그램을 지속했습니다. 다행히 그녀도 포기하지 않고 계속 코칭을 받던 중, 그녀의 일생에 아주 큰 사건이 발생하면서 큰 시련의 시간이 찾아왔지만 평소에 훈련했던 덕분에 단단하고 현명한 마음이 발현되면서 어려움을 씩씩하게 극복했습니다. 이 과정에서 그녀도 깨달음이라는 경험을 했고 마음의 성장을 이루었습니다.

마음의 성장은 그녀를 완전히 다른 사람처럼 보이게 만들었습니다. 평생 읽지 않던 책을 읽고, 달리기 운동을 하며, 어려운 일들을 씩씩하게 극복해 내기도 하고, 이전과 다르게 가족들을 정성스럽게 사랑하며 돌보는 모습을 보였습니다. 가장 드라마틱한 변화는 그녀가 두 명의 자녀에게 제대로 된 사랑을 적극적으로 표현하고 마음을 담아 행동할 수 있게 되었다는 것입니다. 예전에 가정의 불화로 자칫 비뚤어질 뻔했던 자녀들이 지금은 아주 건강하게 잘 성장하고 있습니다.

이제 그녀는 제게 인생이 밝아졌고 용기가 생겨 자신은 아주 잘 살 것이라는 확신을 가졌다고 말합니다. 당장 가진 것이 많지는 않지만 남들과 비교해서 불행해하지 않고 스스로 노력해서 많은 돈을 벌 것이라고 합니다. 러닝과 헬스를 꾸준히 하여 또래 친구들보다 훨씬 건강한 모습에 주변 사람에게 부러움을 사기도 합니다. 이러한 일련의 변화들을 지켜보면서 저는 '사람은 누구나 변할 수 있고 행복한 삶을 살아갈 수 있다'라고 확신이 들었습니다.

저를 포함한 제 아내, 가족들의 마음이 성장하는 변화를 지켜보면서 저는 기적을 경험하는 듯했습니다. 전혀 변하지 않고 매일 불행하게 살아가야만 할 것 같았던 사람들이 사랑을 체득하고 이를 통해 깨달음의 의식을 갖고 현명한 행동을 지속해서 쌓으니 삶은 온전해지고 행복을 경험하는 삶으로 변화했습니다. 저는 이러한 현상을 지켜보면서 기적이라고밖에는 표현할 수 없었습니다.

마음을 성장시키기 위한 10년 이상의 고민과 노력으로 삶이 구원되는 기적의 경험은 제게 엄청난 쾌감을 주었습니다. 마인드피티를 제대로 만들어서 더 많은 사람이 전혀 다른 태도를 가진 사람으로 변해, 온전한 인생을 살아가는 구원의 기적이 일어나는 것을 보고 싶은 욕심이 생겨났습니다. 제가 가진 자아실현의 욕구가 바로 이것이라는 확신을 가지게 되었고, 소소하게 개인사업을 하던 제 인생의 목표는 마인드피티 콘텐츠를 확산시켜 사람들이 사랑을 알게 되는 것으로 송두리째 변화를 맞이했습니다. 비록 제 글을 읽는 모든 분께 1:1 코칭을 해 드릴수는 없지만 그에 준하게 콘텐츠를 준비해서 마인드피티 네이버 카페를 통해 충분히 훈련해서 성장할 수 있도록 준비해 놓겠습니다.

저를 포함한 여러 사람의 변화를 지켜보면서 유학의 사서삼경 『대학』에 나온 '수신제가치국평천하(修身齊家治國平天下)'가 제 삶의 정확한 방향을 알려 주었습니다. 저는 사랑을 통해 먼저 수신(修身)을 이루었고, 이를 바탕으로 제가(齊家)를 실천하여 가정에 화목과 평온이 찾아왔습니다. 이제는 마인드피티 콘텐츠를 통해 더 많은 사람들에게 제가 경험한 구원과 기적을 전하는 치국(治國)의 단계로 나아가고 있으며, 궁극적으로는 전 세계 사람들이 자신을 사랑하고 돌볼 수 있도록 돕는 평천하(平天下)를 이루고자 합니다.

인간은 온전한 삶을 통해 행복하게 살아갈 권리가 있고, 배우고 익히면 누구나 행복하게 잘 살아갈 수 있습니다. 공부를 많이 하면 실력이 늘어 시험을 잘 볼 확률이 높아지고, 운동을 많이 하면 근육이 커져 운동을 잘할 수 있고 건강해지는 것처럼, 공부의 언어와 운동의 언어를 익혀 잘 사용할 수 있는 단계에 이르면 그것들을 능숙하게 할 수 있게 됩니다. 마음 운동도 마찬가지입니다. 지속해서 훈련하면 마음의 언어인 사랑, 행복, 깨달음을 알고 습득하게 되어 자신의 삶을 온전하게 살아갈 수 있는 마음가짐과 자신을 돌볼 수 있는 태도를 가지게 됩니다.

자신을 소중히 여겨 잘 돌볼 수 있게 되면 사랑하는 가족을 소중히 여겨 돌볼 수 있고, 더 나아가 어려움을 겪고 있는 다른 사람들에게로 그 사랑을 확장할 수 있게 됩니다. 인간의 DNA에는 자신의 생존과 번식, 그리고 타인을 돌보라는 명령이 새겨져 있고 끊임없이 작동합니다. 이를 충실히 수행하면 행복이라는 보상이 주어지며, 이것이 바로 잘 사는 삶의 본질입니다. 이러한 원리로 인간은 누구나 제대로 사랑을 배우고 실천하면 행복하게 잘 살아갈 수 있습니다.

여러분도 마인드피티를 활용한 마음 운동을 통해 자신을 깊이 이해하고, 사랑을 실천하며, 자신에게 발생하는 근본적인 문제들을 해결하여 마음의 회복과 성장, 자아실현을 이루시길 바랍니다. 그리하여 여러분 모두 행복하게 잘 사는 삶을 살아가시길 진심으로 기원하며 글을 마칩니다.

마인드 무브먼트

1판 1쇄 발행 2025년 12월 23일
지은이 허경준

교정 신선미   **편집** 이승빈   **마케팅·지원** 이창민
펴낸곳 (주)하움출판사   **펴낸이** 문현광

이메일 haum1000@naver.com   **홈페이지** haum.kr
블로그 blog.naver.com/haum1000   **인스타** @haum1007

ISBN 979-11-7374-267-5 (03190)

좋은 책을 만들겠습니다.
하움출판사는 독자 여러분의 의견에 항상 귀 기울이고 있습니다.
파본은 구입처에서 교환해 드립니다.